DIÁRIO DE UM EMPREENDEDOR

Marcel Malczewski

DIÁRIO DE UM EMPREENDEDOR

editora Évora.

Publisher
Henrique José Branco Brazão Farinha

Diretor comercial
Eduardo Viegas Meirelles Villela

Editora
Cláudia Elissa Rondelli Ramos

Preparação de texto
Gabriele Fernandes

Revisão
Renata Xavier
Nestor Turano Jr.

Projeto gráfico de miolo e editoração
Daniele Gama

Capa
Daniele Gama

Impressão
Gráfica Paym

Copyright © 2016 *by* Marcel Malczewski
Todos os direitos reservados à Editora Évora.
Rua Sergipe, 401 – Cj. 1.310 – Consolação
São Paulo – SP – CEP 01243-906
Telefone: (11) 3562-7814/3562-7815
Site: http://www.editoraevora.com.br
E-mail: contato@editoraevora.com.br

DADOS INTERNACIONAIS PARA CATALOGAÇÃO NA PUBLICAÇÃO (CIP)

M199d

Malczwski, Marcel
    Diário de um empreendedor / Marcel Malcwski. - São Paulo : Évora, 2015.
    216 p.: il. ; 16 x 23 cm.

ISBN 978-85-8461-058-7

1. Empreendedorismo – Brasil. 2. Sucesso. 3. Empresas novas - Administração. I. Título.

CDD- 658.421

JOSÉ CARLOS DOS SANTOS MACEDO – BIBLIOTECÁRIO – CRB7 N. 3575

Sumário

Introdução 7

• • • Capítulo 1
O início de tudo: a minha história como empreendedor e a criação da Bematech 9

• • • Capítulo 2
Vida e carreira do empreendedor 49

• • • Capítulo 3
O planejamento do negócio 63

• • • Capítulo 4
O produto: da prancheta ao cliente 77

• • • Capítulo 5
Fluxo de caixa 93

• • • Capítulo 6
Dinheiro não aceita desaforo 105

• • • Capítulo 7
Vendas = oferta + comunicação x imagem 109

• • • Capítulo 8
Inovação 121

• • • Capítulo 9
Construção de parcerias 133

• • • Capítulo 10
Relacionamento com fornecedores e clientes 145

• • • Capítulo 11
Gestão dos desafios e das dificuldades dos pequenos negócios....155

• • • Capítulo 12
Startups de tecnologia no Brasil e no mundo 173

• • • Capítulo 13
Empreendedorismo jovem..183

• • • Capítulo 14
Mudando de lado: de empreendedor a investidor 191

• • • Capítulo 15
A qualidade de vida do empreendedor 199

• • • Anexo
Erros que o empreendedor não pode cometer 207

Introdução

Empreender não é uma tarefa fácil, principalmente no Brasil. Estamos em um país particularmente complicado pela burocracia excessiva, pela intrincada legislação em constante mutação, pelas regras tributárias quase impossíveis de serem entendidas e atendidas, pelas leis trabalhistas ultrapassadas, pela corrupção, pela economia quase sempre instável, pela falta de planejamento de longo prazo e pela consequente falta de compromisso com o futuro. Tudo aqui parece conspirar contra o sucesso de qualquer empreendimento independente. Mas, em contrapartida, o Brasil é um país onde ainda há muito por ser feito, o que o torna um lugar de oportunidades.

A decisão de ir atrás de uma dessas oportunidades, criar um negócio, tornar-se seu próprio chefe e empreender é sempre tentadora, porém considerada recheada de armadilhas e dificuldades raramente antecipadas pelo empreendedor, que muitas vezes colocam seu empreendimento em risco quando não acabam por frustrar seu sucesso. A falta de dinheiro, o otimismo excessivo, o ato de desconsiderar riscos e a falta de planejamento são motivos frequentes para o insucesso.

O propósito deste livro não é o de ser um manual detalhado de como empreender com sucesso, com respostas fáceis e dicas práticas.

Jamais teria essa pretensão. O objetivo desta obra, como o título aponta, é o de abordar as questões mais frequentes relacionadas à ação de empreender através do relato de situações e experiências que vivi ao longo de cerca de vinte anos construindo um negócio de tecnologia a partir do zero. Quais decisões foram corretas, quais foram erradas e quais foram suas consequências? Quais foram as dificuldades e como foram ou não superadas? Quais os principais erros e acertos? Que atitudes ajudaram ou foram decisivas? Que tipo de comportamento atrapalhou?

Esta obra tem por objetivo contribuir para que o empreendedor possa criar alguns atalhos para o sucesso de seu negócio, antecipando, com a leitura, situações pelas quais passará com certeza em sua trajetória, procurando com essa antecipação evitar erros e mitigar riscos.

Empreender não é para qualquer um. Implica abrir mão de muita coisa, a começar pelo tempo dedicado a outras atividades que não o seu negócio. O custo pessoal quase sempre é consideravelmente elevado, mas a realização compensa. Ter a sensação de que construiu algo, fez a diferença e ainda ganhou algum dinheiro com isso, é muito bom.

Desejo que esta leitura contribua, mesmo que de forma singela, para que você tenha, em vários momentos de sua trajetória como empreendedor, essa adorável sensação de ter realizado algo relevante. E mesmo que você esteja lendo este livro apenas por curiosidade, considere a possibilidade de empreender: vale a pena!

Capítulo 1
O início de tudo: a minha história como empreendedor e a criação da Bematech

Sou natural de Ponta Grossa, cidade do interior do Paraná. Tenho um irmão mais velho e uma irmã mais nova. Cresci numa família de classe média, meu pai era engenheiro da Rede Ferroviária Federal e minha mãe, professora de português e francês em uma escola da rede estadual de ensino. Nasci e vivi, até os 15 anos, numa casa ampla, que ocupava um terreno grande com árvores, quintal e um bom gramado, cedida pela Rede Ferroviária aos engenheiros com cargos de chefia. Ela ficava ao lado do pátio da Rede Ferroviária Federal, onde sempre havia trens estacionados. Havia muito espaço para eu, meus irmãos e meus primos brincarmos. Ponta Grossa sempre foi um grande entroncamento ferroviário e rodoviário e meu pai, como engenheiro, administrava uma vasta região no estado que era sediada na cidade.

Estudei em escola pública e privada e sempre fui bom aluno. Com 15 anos de idade me mudei para Curitiba com o intuito de terminar o ensino médio, onde fiz os dois últimos anos. Na cidade, vivi com meu irmão, que fazia cursinho preparatório para vestibular, e com outro amigo. Naquela época, havia um grande fluxo de jovens saindo de Ponta Grossa, que não oferecia bons colégios e cursinhos, para ir a Curitiba estudar. Como a distância entre as duas cidades é curta, cerca de 100 quilômetros, era comum retornarmos para casa nos finais de semana. Com o passar do tempo, essas viagens foram escasseando, pois todos nós passamos a ter vínculo com Curitiba. Lembro que, no início da década de 1980, reinava um clima de tranquilidade e de segurança na cidade, onde nós costumávamos circular a pé, mesmo de madrugada.

Adolescente empreendedor

Antes de me mudar para Curitiba, comecei a participar de minhas primeiras iniciativas como empreendedor. No final dos anos 1970 havia muitas festas de garagem e havia também aquelas que ocorriam em salões de festas de clubes ou em espaços de associações. Os adolescentes entre 13 e 15 anos se divertiam bastante nessas ocasiões. Nessa época, um dos meus primos comentou que nós deveríamos comprar um equipamento de som para tocar em festas, pois queríamos ganhar dinheiro. Como não dispúnhamos de recursos, tivemos de ir atrás de investidores, isto é, fomos pedir dinheiro aos nossos pais. Não foi fácil convencê-los, mas, no final, acabaram cedendo. Com os recursos em mãos, adquirimos um amplificador, um toca-discos, um toca-fitas e as caixas de som. Meu irmão, alguns primos, e eu começamos a utilizar esses equipamentos nos finais de semana. Eu era responsável pela iluminação das festas. Comprava lâmpadas coloridas e colocava papel laminado em latas de leite em pó para construir holofotes. Confesso que, na época, não sabia direito o que estava fazendo. Tive algumas aulas de noções de eletricidade na escola e, com isso, ia montando as lâmpadas nas latas e conectando os cabos e bocais. Costumava utilizar um pequeno espaço que havia nos fundos de minha casa para fazer experiências e foi lá que criei um sequenciador de lâmpadas e um teclado de iluminação. Não consegui utilizar o sequenciador, pois era muito precário, mas o teclado funcionava bem. Ele consistia de uma barra de interruptores ou chaves de luz do tipo campainha que acionava as lâmpadas. Era como se você tocasse um piano e, em vez de ele emitir sons, acabava acendendo luzes coloridas, cada uma conectada a uma tecla. Cansei de levar choque quando ia montar tudo isso nos locais de festa – e eram choques de 220 v! Uma vez fiquei grudado num fio de luz, só me livrei daquela situação no instante em que um primo me puxou. Eu era muito novo, tinha entre 13 e 14 anos, e criar tudo aquilo me dava bastante satisfação. Bom, nenhum de nós ganhou dinheiro com a atividade, mas pelo menos nos divertimos e entramos de graça nas festas. Penso que, naquele momento, me encantei com a possibilidade de criar algo e participar de um pequeno empreendimento. Quando lembro da minha casa, do laboratório que criei no fundo dela e da liberdade que tive durante minha infância, concluo que tudo isso acabou estimulando minha vocação empreendedora.

Adquiri alguns hábitos dos meus pais; ambos liam muito e meu pai sempre teve interesse por tudo que envolvesse eletrônica e eletricidade – ele foi e é o meu grande norte. Um homem bastante sério e ético, absorvi muitas qualidades de sua personalidade como equilíbrio, senso de justiça e correção. Também herdei dele o gosto pela matemática, a curiosidade e o hobby por eletrônica. Enfim, muito do que sou hoje devo a ele.

Quando fui viver em Curitiba, tive que me virar sozinho, afinal, meu dinheiro era contado. Meu pai sempre foi mão-fechada e eu e meu irmão tínhamos que economizar nossa mesada. Costumávamos, por exemplo, comer o popular PF (prato feito) num boteco. Era simples, mas muito bom. O dinheiro que sobrava, eu gastava com cinema e almoços em churrascarias nos finais de semana. Apesar de termos sido criados numa ampla casa, nós nunca tivemos moleza em relação a dinheiro. Sinto que por ter saído de casa com apenas 15 anos, amadureci muito cedo: eu tinha que dividir as contas do apartamento com os primos ou amigos que moravam comigo, pois nunca estava sozinho, pagar para comer e, além disso, se possível, fazer sobrar algum para a diversão.

A eletrônica não era meu único interesse. Até os 15 anos de idade, acreditava que iria ser médico e me lembro que houve um período em que cheguei a comprar fascículos de uma enciclopédia sobre medicina, tanto que, paralelamente ao ensino médio, cursei o profissionalizante em patologia clínica. Naquele tempo, os alunos deveriam matricular-se em disciplinas técnicas para completar o ensino médio. Este encantamento por essa área chegou ao fim no dia em que acompanhei uma prima até a universidade em que ela cursava farmácia. Lá, vi alguns cadáveres. Aquela experiência me deixou chocado e eu perdi o sono por algumas noites.

Na época de cursinho pré-vestibular, percebi que tinha muito mais facilidade com disciplinas ligadas à área de exatas, como física, matemática e geometria, então concluí que seria mesmo engenheiro. Há tempos me sentia atraído por tudo que envolvesse computação e eletrônica. Para mim, era muito fácil fazer exercícios de matemática. No vestibular de engenharia elétrica, acertei todas as questões da prova de matemática.

Aliás, fiz apenas um vestibular: o da Universidade Federal do Paraná (UFPR). Havia ainda outras duas instituições com cursos de engenharia elétrica que me interessavam por serem considerados os melhores do Brasil: o do Instituto Tecnológico da Aeronáutica (ITA) e o da Unicamp, ambas no interior de São Paulo. Desisti do primeiro quando soube que, sendo uma instituição da aeronáutica, a rotina lá era militar. Como vivia muito solto em Curitiba, imaginei que aquele sistema seria incompatível comigo. Cheguei a passar na prévia para o vestibular da Unicamp, o problema é que a data da segunda fase do processo seletivo coincidiu com a das provas do vestibular da UFPR. Optei por estudar em Curitiba, cidade que conhecia muito bem. Assim, cursei engenharia elétrica com ênfase em eletrônica na UFPR.

A UFPR sempre teve um rico ambiente universitário, com alunos politizados, ampla diversidade de cursos de graduação em todas as áreas, campus enorme com várias bibliotecas, alunos de várias séries e vários cursos estudando no mesmo ambiente, mas naquela época, eu observava que tudo era muito solto, largado. Inicialmente, tive dificuldade para me adaptar àquele ambiente. Lembro que alguns professores faltavam e, logo no primeiro ano, ocorreu uma greve. O Brasil estava entrando na fase final da ditadura militar e aquela foi a primeira de muitas interrupções do período letivo durante o tempo em que passei na universidade.

Aquele ambiente novo, totalmente diferente do que eu havia conhecido nas salas de aulas do ensino médio, me deixou um pouco perdido. Tínhamos que nos virar sozinhos, com muito pouco apoio, para fazer as coisas acontecerem. Eis que o bom aluno do colégio não conseguiu ter um rendimento ao menos razoável no primeiro ano da faculdade. Como não apreciava várias disciplinas, resolvi tomar uma postura pragmática: terminar o curso no menor tempo possível, no caso, cinco anos, do jeito que desse. Era comum alunos demorarem seis, sete anos ou mais para se formar.

Se por um lado a faculdade me frustrou no quesito formação, foi lá que desenvolvi um alto "coeficiente de viração", ou seja, uma alta capacidade de encontrar soluções para superar as adversidades e atingir os objetivos. Isso acabou sendo chave na minha carreira como empreendedor.

No terceiro ano da faculdade, comecei a estagiar. Participei de um processo seletivo que selecionou dez alunos para trabalhar na área de informática do Banco do Estado do Paraná (Banestado). Este setor do banco era muito forte, abrigava tudo o que havia de melhor em tecnologia. Eles usavam mainframes (computadores de grande porte) da Fujitsu e da IBM e antenas parabólicas para fazer transmissão de dados via satélite, tudo isso ficava num prédio muito moderno, aquilo parecia até cenário de filme de ficção científica. O grupo de estudantes escolhido era muito bem-visto, pois o processo seletivo havia sido rigoroso. Iríamos atuar em análise de sistemas. Foi justamente nesta época que eu comecei a frequentar outra faculdade no período noturno para estudar programação de computadores. Passei no vestibular da União Tecnológica do Trabalho (UTT), que era uma pequena faculdade, uma das poucas que ofereciam cursos na área de informática em período noturno. Eu queria conhecer o universo da computação. Naquele mesmo período, pedi a meu pai dinheiro, e ele "liberou a grana", para eu comprar um computador chamado

Ringo, similar no Brasil ao popular TK 85. Logo que aprendi a usá-lo, era comum eu varar as noites fazendo programas no sistema Basic. Aprendi a fazer isto sozinho. Esta experiência me deu muita base para compreender programação de computadores e foi o início da minha paixão pela área. Nestas noites em que ficava sozinho em frente ao teclado e à tela de TV (o computador usava a TV como tela), comecei a desenvolver programas em geral, principalmente jogos. Criei vários, aumentando sua complexidade na medida em que aprendia mais e me aprofundava nas enormes possibilidades que aquele simples e pequeno computador permitia.

Após o primeiro ano do curso noturno de análise de sistemas, resolvi desistir dele. Enquanto a UFPR era obviamente gratuita, por tratar-se de uma instituição pública, este curso na UTT era pago e avaliei que não estava valendo a pena. Aprendia mais em casa com meu computador do que à noite naquele curso. Continuei a desempenhar outras atividades paralelamente ao meu cotidiano na universidade e virei um aficionado por programação. Como estagiário, tinha acesso a mainframes e a computadores de grande porte e alta capacidade de processamento. Fazia programações sérias de sistemas bancários complexos, junto com analistas do Banestado. Era comum trabalhar em finais de semana para implantar sistemas de última geração no banco, onde havia um ambiente muito favorável para o aprendizado.

Universitário empreendedor

Fundei minha primeira companhia quando estava no quarto ano do curso de engenharia. Eu e mais dois amigos criamos a Analisys Informática, que desenvolvia softwares sob medida para empresas. Um de nossos clientes, por exemplo, era uma fazenda que precisava ter um controle da genética do gado e nós desenvolvemos um software para cadastrar os animais. Se deixar os animais soltos, eles cruzarão livremente, deteriorando a genética e reduzindo a produtividade da fazenda, por isso o gado precisa ser separado e as famílias isoladas. Diante de 3 mil cabeças de gado ou mais, somente um programa de computador pode conseguir gerenciar tantos animais juntos. Desenvolvemos softwares para outras áreas como contabilidade e manejo florestal, mesmo não sabendo quase nada sobre os assuntos.

Nessa época, em meados dos anos 1980, era muito difícil encontrar um computador (PC) em Curitiba – nós mesmos não tínhamos um, pois era muito caro. O CP 500 da Prológica era o equipamento mais utilizado pelas companhias, nossos clientes compravam os equipamentos e nós os utilizávamos para desenvolver os programas. Durante um ano e meio, trabalhei desempenhando o papel de analista. Desenvolvíamos todos juntos a arquitetura de cada software e um dos sócios fazia a programação. O terceiro cuidava da área comercial da empresa. Acho que fui o único aluno da minha turma da faculdade que já possuía uma empresa antes de se formar.

Nós conseguíamos gerar uma receita que cobria nossas despesas. Pagávamos o aluguel da nossa sede e colocávamos uma pequena quantia no bolso. Logo que me formei engenheiro, afastei-me da empresa, com apoio de meus sócios, para fazer uma pós-graduação na área de informática. Acreditava que poderíamos desenvolver também hardware (equipamentos de informática) no nosso empreendimento. A ideia de fazer o curso tinha a ver com este objetivo. Na época, os computadores estavam começando a ser construídos no Brasil, no período da reserva de mercado no setor de informática.

Enquanto cursava a pós-graduação, meus sócios passaram a se desentender. Diante desse quadro, resolvemos encerrar as atividades da empresa. Penso que esta experiência mostrou que meu caminho era o de ter o próprio negócio. Depois disso passei a não admitir a hipótese de seguir carreira numa empresa. Quando iniciei a pós-graduação, era sócio da Analisys Informática e, ao terminá-la, estava iniciando a Bematech.

Criando o próprio caminho

Como estava contando, permaneci um ano e meio como estagiário na Banestado, e fui tocando a Analisys Informática em paralelo. Fui efetivado no banco após me formar, mas acabei pedindo demissão duas semanas depois para fazer o curso de pós-graduação na área de Informática Industrial. No mesmo período, tive duas boas propostas de emprego, a primeira era a possibilidade de trabalhar no banco, e a segunda consistia em integrar a equipe da Klabin, grande empresa do setor de papel e celulose, onde eu montaria e cuidaria de sua área de automação industrial que estava sendo iniciada.

A empresa tinha uma grande planta em Telêmaco Borba, município localizado no centro do estado do Paraná. Como tinha experiência na área de software e automação, fui escolhido para o cargo após passar por uma bateria de testes na companhia. Também resolvi recusá-la. Essa decisão de não querer ficar em nenhuma das duas companhias acabou chamando a atenção de meu pai, que passou a se preocupar comigo, afinal eram duas ótimas oportunidades de carreira.

Cursei pós-graduação em Informática Industrial no Centro de Integração de Tecnologia do Estado do Paraná, que desenvolvia projetos ligados ao setor de informática com universidades e instituições de pesquisa. A instituição desejava atrair estudantes com alto potencial para o curso, que tinha duração de um ano. No final, cada aluno, sozinho ou em grupo, apresentaria um projeto que teria a chance de se transformar em um empreendimento. Todos teriam acesso a uma incubadora de tecnologia e ao financiamento do Banco de Desenvolvimento do Paraná (Badep). Tratava-se de um programa que envolvia inteligência artificial e automação, entre outros temas que me atraíam. O Centro contava com professores doutores da França e do Brasil, e para aumentar ainda mais o estímulo aos alunos, tais eram remunerados durante os estudos. Tudo isso me encantou e foi o que me motivou a abandonar as duas oportunidades de emprego, que citei há pouco, e a me ausentar da minha empresa.

Passei pelo processo seletivo e fui aprovado. Não sei se, na época, havia algo similar no país. Os idealizadores do curso desejavam criar massa crítica em informática no estado do Paraná e várias empresas se interessaram pelos projetos que os alunos desenvolveram durante o curso, ou seja, aquela instituição era um ambiente de sonho para um recém-formado.

Contudo, naquele momento, apesar do diploma, eu não me considerava um engenheiro completo. Tinha ciência que era muito bom na área de software e pouco interessado em assuntos que envolviam eletrônica pura. Encarei o curso também como uma oportunidade de me tornar um engenheiro projetista.

Aquele ano foi muito puxado e se tornou uma das épocas em que mais adquiri conhecimento. O curso era quase todo prático, desenvolvíamos projetos de hardware e software, e passamos bastante tempo nos laboratórios implementando o que aprendíamos na teoria.

No final do ano, eu e mais três colegas desenvolvemos como projeto de final de curso um estudo do funcionamento de uma impressora matricial. Era um plano de engenharia reversa para documentar todo o funcionamento de uma impressora. Uma empresa de Curitiba se interessou muito por ele, pois gostaria de desenvolver sua própria impressora para o equipamento de telex que fabricava.

Concluído o projeto, concluímos o curso. Neste momento, ficamos sabendo que o curso seria transferido da PUC para o CEFET e se tornaria mestrado. Os alunos que concluíram o curso de pós-graduação seriam os primeiros a desenvolver dissertações de mestrado, já que as disciplinas cursadas na pós-graduação valeriam para a obtenção do título de mestre. Porém, não havia vagas para todos. Dos quatro componentes do grupo que desenvolveram o projeto final de estudo da impressora, apenas dois foram aprovados para o mestrado: eu e o meu colega Wolney Betiol.

Com o apoio da empresa interessada no projeto da impressora, decidimos desenvolver nossas dissertações de mestrado dentro desse tema. As duas dissertações seriam complementares. A minha, sobre um software ou sistema operacional e um hardware genéricos que poderiam comandar o funcionamento de qualquer mecanismo impressor, e a do Wolney, relacionada a sistemas de controle para motores de passo e cabeçotes impressores, itens fundamentais no funcionamento das impressoras.

Defendemos nossas dissertações perante nossas respectivas bancas em agosto de 1989. Neste momento, sem sabermos, estava em gestação a maior empresa de automação comercial do Brasil.

Primeiro projeto incubado no Paraná

A empresa interessada em nosso projeto de impressora era líder na fabricação de equipamentos de telex. Nessa época, esse equipamento era muito vendido para bancos e correios, pois as instituições bancárias o utilizavam para realizar operações financeiras e os correios para envio de telegramas. Vale lembrar que o fax era uma novidade e o e-mail ainda não existia. Essa empresa comprava a tecnologia de impressão de uma companhia de São Paulo, no entanto, não estava satisfeita nem com o preço nem com a qualidade do produto.

O projeto foi concluído e entregue à empresa. Não era ainda o plano de uma impressora, mas um estudo detalhado de seu funcionamento, mostrando o que era necessário para fazer uma impressora matricial. A empresa gostou do projeto e interessou-se por sua viabilização, apoiando nossos trabalhos de mestrado. Assim, Wolney e eu propusemos a ela a construção de uma impressora de fabricação própria para substituir aquela que era comprada de São Paulo, com a principal vantagem da redução do custo. Desenvolveríamos o produto para que eles mesmos fabricassem e, em troca, nos pagariam royalties. Fomos então para o Instituto de Tecnologia do Paraná (Tecpar) para desenvolver aquele que seria o primeiro projeto incubado do estado do Paraná. No entanto, nos deparamos com um problema: no final de 1989, a empresa de telex nos avisou que estava com sérios problemas financeiros – e isso era compreensível, pois o fax começava a entrar no mercado e o telex a ficar obsoleto. Diante desta situação, fui conversar com um dirigente do Tecpar, Ramiro Wahrhaftig. Já o conhecia de longa data; ele era um dos idealizadores do curso de Informática Industrial e estava encarregado da sua implantação e me apoiou muito para que eu cursasse a pós-graduação em Informática. Ele resolveu entrar em contato com o presidente da empresa de telex, propondo que a companhia adquirisse pelos menos metade de sua necessidade de produção caso conseguíssemos fazer uma impressora capaz de ser acoplada ao equipamento deles. A empresa aceitou o desafio e a compra ficou condicionada ao preço e a qualidade do produto que seria fabricado. Exatamente naquele instante, no início de dezembro de 1989, nasceu o primeiro projeto de uma incubadora no estado do Paraná. Não desenvolveríamos um projeto para vendê-lo em troca de royalties como originalmente planejado, mas sim desenvolveríamos a impressora para produzi-la em escala e vendê-la como produto. Estávamos começando nossa empresa já tendo um cliente garantido.

O Tecpar bancou o início de nosso projeto, o que foi fundamental, pois não tínhamos recursos financeiros para arcar com os custos de laboratório. Eu estava prestes a completar 25 anos, lembro que comemoramos bastante a ida de nosso projeto para a incubadora. Nessa época, também comecei a dar aulas na PUCPR, onde cheguei a coordenar o curso de Engenharia de Computação. O Wolney já era professor no CEFET e vivíamos de nossos salários de professor. Durante meu tempo na PUC, também fui um dos criadores do Instituto de Tecnologia e Informática, ligado a Pró-Reitoria de Pesquisa e Extensão, que prestava serviços de TI a empresas. O projeto consistia em envolver professores e alunos em projetos que seriam pagos por empresas. Parte desses recursos deveria ficar com as equipes de trabalho. Acabei empreendendo até dentro da universidade!

Dias, noites e finais de semana no laboratório

No Tecpar havia equipamentos de última geração que praticamente ninguém utilizava. O laboratório de eletrônica também tinha pouco uso – eu e Wolney chegamos a abrir caixas com equipamentos novos. O instituto funcionava em horário comercial; logo, após as cinco horas da tarde, ninguém mais transitava pelo local, mas eu não queria ir embora, desejava ficar trabalhando em nosso projeto. Assim, acabei dando um jeito. No horário de encerramento, apagava todas as luzes e me escondia no laboratório. Mais tarde, quando ficava sozinho, acendia tudo e continuava a trabalhar até de madrugada. Nos finais de semana, descobri um modo de abrir a porta do laboratório por fora para entrar e trabalhar. Às vezes eu também chegava antes do horário de funcionamento e trabalhava, e pouco antes do início do horário regular de trabalho saía do laboratório e depois retornava no horário em que as outras pessoas chegavam. Estava desenvolvendo o software do sistema operacional da impressora, uma atividade que me deixava fascinado. Tinha todo o projeto do software na minha cabeça, um esquema complexo para controlar uma impressora que se assemelhava a um sistema operacional de computador. Quando encontrava um erro de software para corrigir, ficava caminhando pelo laboratório e pensando nas linhas de código. Repassava em minha mente linha a linha, todos os códigos e todas as rotinas até descobrir o erro.

Vivi essa dinâmica de frequentar o laboratório nesses horários até que um dia fui surpreendido por um gerente do Tecpar que também frequentava o lugar bem cedo. Tive que dar explicações para a instituição, pois o que estava fazendo, entrando no laboratório fora de horário e sem permissão, era uma falta grave. Prometi que não faria mais aquilo.

Nessa época eu já estava numa fase bem avançada de meu projeto, desenvolvendo os primeiros protótipos de nosso produto. Desses protótipos nasceu o cabeça de série, que correspondia à primeira versão industrial. A diferença entre protótipo e cabeça de série é que o primeiro é artesanal, já o segundo pode ser replicado e possui componentes industriais.

Todo empreendedor constrói um mundo em volta de si. Ele faz chover no deserto, dá um jeito de transformar adversidade em oportunidade. Eu e Wolney vivíamos num mundo à parte, éramos dois tratores. Tínhamos certeza de que tudo daria certo, mas trabalhávamos muito para atrair o que buscávamos.

Transformando uma dissertação de mestrado em um produto

A minha parte da dissertação foi a mais proveitosa para desenvolver e produzir a impressora para telex e, na sequência, a mini-impressora para automação bancária e comercial. O trabalho do Wolney era lidar com os aspectos de controle e acionamento de servomecanismos[1] complexos como motores de passo[2]. Nas primeiras impressoras que desenvolvemos, os acionamentos eram relativamente simples e não demandavam grande esforço do ponto de vista de projeto. Os circuitos de acionamento de solenoides, motor DC e cabeçote de impressão – itens fundamentais no funcionamento de uma impressora – eram bem simples. Com isso, meu companheiro acabou ficando responsável pela organização da parte industrial, que envolvia a busca de fornecedores e a produção, enquanto eu cuidava da parte relacionada ao hardware e ao software. Porém, nos momentos em que era necessário desenhar e montar placas de circuito, testar componentes e o funcionamento do conjunto, fazíamos juntos. No início da Bematech, essa divisão de responsabilidades continuou a existir. Eu comecei a atuar mais na área de engenharia e de desenvolvimento e Wolney no setor de administração, produção e comercial. Enfim, ele lidava com fornecedores e com clientes e eu cuidava da idealização do produto.

---

[1] Servomecanismos são dispositivos que, acionados por comandos elétricos e eletrônicos, permitem a realização de movimentos mecânicos.

[2] Motor de passo é um tipo de motor elétrico usado quando algo tem que ser posicionado muito precisamente ou rotacionado em um ângulo exato.

Minha dissertação de mestrado consistia em um estudo para a construção de uma placa de hardware composta de uma CPU, memória e outros circuitos periféricos com um software ou sistema operacional suficientemente flexível para controlar qualquer tipo de impressora.

Na época em que iria defender minha dissertação, um colega do CEFET me trouxe um artigo escrito por engenheiros da HP que mostrava uma arquitetura capaz de controlar qualquer tipo de impressora. Esta proposta tinha tudo a ver com o meu projeto. Tratava-se de um hardware e sistema operacional suficientemente flexíveis para controlar impressoras de todos os portes, de alta e baixa performance. Ou seja, em um só sistema era possível controlar qualquer tipo de impressora. Sendo a HP reconhecidamente a maior produtora mundial de impressoras, a leitura desse artigo me deixou muito motivado. Assim, para transformar meu projeto de mestrado em um produto, tive apenas que simplificá-lo, pois a impressora que eu e o Wolney iríamos construir, a de telex, era bem mais simples do que o sistema que desenhei poderia suportar.

Penso que todo empreendedor que possua uma ideia deva tê-la de forma mais simplificada possível em relação ao seu conhecimento sobre o assunto. Normalmente as ideias que dão certo são simplificações de um conceito ou de um domínio tecnológico, envolvendo apenas inovações de aplicabilidade. Minha dissertação de mestrado era mais abrangente do que a impressora para telex e a mini-impressora.

No momento em que deixamos de fazer impressoras para telex e partimos para a inovação de fato, criando uma das primeiras mini-impressoras no Brasil, as modificações que eu tive que fazer em meu projeto foram mínimas. Uma impressora de telex tem 80 colunas de impressão enquanto uma mini-impressora para automação bancária e comercial possuía 48 delas. Uma impressora de telex tinha a dimensão de um laptop e uma mini-impressora, a metade ou menos desse tamanho. Voltada para aplicações de automação comercial e bancária, a mini-impressora destinava-se a imprimir recibos e cupons em bancos, bares, restaurantes, hotéis etc. Quando criamos este equipamento, algumas pessoas estavam começando a trabalhar em projetos similares em São Paulo. No entanto, até então, nenhuma empresa tinha fabricado em grande escala esse tipo de equipamento no Brasil. Eu e Wolney fomos os pioneiros na sua fabricação em escala.

Em busca de um fornecedor de mecanismo

A empresa fabricante de telex se interessou pelo nosso projeto, mas não tinha como bancar seu desenvolvimento. Apesar de aparelhos de telex ainda serem muito utilizados por bancos e pelos correios, tínhamos ciência de que eles estavam a caminho da obsolescência.

Nós sabíamos como fazer uma impressora, possuíamos conhecimento técnico para viabilizá-la. Estávamos numa incubadora que nos apoiou com laboratórios, sala de trabalho e com toda estrutura necessária para desenvolvermos nosso projeto, e tínhamos encontrado um cliente disposto a comprá-la.

Éramos dois jovens, recém-mestrados com conhecimentos técnicos profundos no tema proposto.

A incubadora aprovou nosso empreendimento em função da junção desses fatores. Nem sempre um empreendedor tem tudo isso na mão.

Em uma das viagens recentes que fiz a Palo Alto, cidade central da famosa região do Vale do Silício, na Califórnia, percebi que cada vez mais os investidores de estágio inicial (*angel investor* e *venture capital*) estão condicionando a realização do investimento a negócios cujos projetos apresentados realmente funcionem. Neste universo, um projeto detalhado apenas no papel não consegue mais chamar a atenção dos investidores-anjo, que são as pessoas que normalmente concedem os primeiros cheques (rodadas iniciais de investimento) para viabilizar o desenvolvimento do empreendimento. Sem provar que a tecnologia, o produto ou o serviço funciona e tem potencial de mercado, ninguém banca mais nada.

Quando entramos na incubadora tínhamos duas missões: desenvolver uma placa eletrônica (hardware) e um software baseados em minha dissertação de mestrado para fazer qualquer mecanismo impressor funcionar e encontrar um fornecedor da mecânica da impressora de telex. Nenhum de nós dois era especializado em mecânica. Sendo assim, a flexibilidade do software e do hardware foi muito importante para o sucesso do projeto.

Como o fornecimento da mecânica era fundamental, priorizamos isso logo ao entrar na incubadora, e, mesmo antes de terminar o ano, em dezembro de 1989, fomos ao interior do Rio Grande do Sul visitar uma empresa que se tornaria nossa parceira e fornecedora de mecanismos por vários anos. A Menno era uma instituição que tinha especialidade nesta área, combinamos com eles que seriam os responsáveis pela dinâmica do projeto mecânico e eu e Wolney cuidaríamos das demais atividades que envolviam o produto.

Novo projeto baseado na proposta inicial

Os equipamentos de telex estavam com os dias contados. Isso não saía da nossa cabeça. Estávamos correndo contra o tempo, pois tínhamos a garantia de que assim que a impressora de telex ficasse pronta, iniciaríamos as vendas. Nas idas ao Rio Grande do Sul para desenvolver o mecanismo do projeto, verificamos que a Menno fabricava vários tipos de mecanismos impressores de vários tamanhos, inclusive alguns que equipavam máquinas registradoras, antigamente muito populares em supermercados e mercearias. Olhando para aquelas ferramentas pequenas, resolvemos adaptar nossa eletrônica e software a um desses modelos de mecanismo compacto para criar uma impressora pequena, ou mini-impressora, que pudesse ser usada em aplicações comerciais. O equipamento, ligado ao computador, forneceria um comprovante ou ticket. Nesta mesma época, uma companhia que fabricava computadores no

Rio de Janeiro, a estatal Cobra Computadores, procurou a Menno, pois estava interessada no desenvolvimento de uma plataforma inovadora para aplicações bancárias, baseada em computadores PC, e precisaria de uma impressora de pequeno porte para conectar ao PC bancário. Nesse período, os terminais bancários das agências eram equipamentos desenhados especificamente para aquela aplicação, semelhantes a caixas registradoras. Cada fabricante tinha seu próprio modelo e não havia padrão de equipamento ou de software entre os vários fornecedores. O novo conceito que estava sendo criado pela Cobra, que pertencia ao Banco do Brasil, permitia o uso de PCs nas agências bancárias criando um padrão novo de equipamento que seria de arquitetura aberta, permitindo que qualquer um pudesse desenvolver software de aplicação bancária, quebrando o forte vínculo que os fabricantes de equipamentos tinham com os bancos.

Uma vez que essa nova plataforma precisaria de uma mini-impressora a ser conectada ao PC, os gaúchos disseram ao pessoal da Cobra que havia em Curitiba dois "piás" (garotos, em "gauchês") que estavam trabalhando justamente no projeto de uma impressora assim.

Timing correto

Muitas ideias e conceitos surgem ao mesmo tempo em vários lugares. Por isso, penso que, ao criar algo novo, é fundamental tomar cuidado com o timing. Existem muitos projetos inovadores que apareceram antes do tempo, e casos em que há demora para o desenvolvimento de protótipos. A consequência desta morosidade é o surgimento de produtos similares. Um empreendimento de sucesso envolve estar no lugar certo na hora certa. Eu e Wolney vivenciamos isso. Curioso que, em nosso caso, começamos nossas atividades em um timing completamente equivocado. Impressora para telex no início dos anos 1990 era algo sem futuro. O timing para impressora de telex estava totalmente equivocado, já havia passado. E as impressoras convencionais no Brasil já eram produtos comuns. Havia várias empresas neste mercado e nosso conhecimento aplicado a produtos já existentes não trazia nenhuma novidade para o mercado brasileiro. Porém, o timing para a mini-impressora de automação comercial e bancária foi perfeito. Nós aplicamos nosso know-how em algo que estava prestes a acontecer. Criamos um produto novo, com excelência técnica, que nos diferenciou no mercado. E fomos muito felizes, porque a demanda por mini-impressoras explodiu. Nos anos 1990, esse produto virou equipamento padrão na automação bancária e comercial. Aproveitamos uma curta janela, que a incubadora nos deu, para estudarmos o mercado e perceber para onde ele ia, além de também fazermos importantes relacionamentos comerciais.

Considerável parte das ideias que dão certo não se baseia em invenções, mas no domínio e boa aplicação de conhecimento. No caso da Bematech, nós idealizávamos produzir algo em grande escala, desejávamos ter uma indústria e percebemos que a mini-impressora tinha potencial para se tornar um produto de alto consumo.

Em 1991, como já tinha um bom relacionamento com o pessoal do Tecpar após mais de um ano dentro da incubadora, fui convidado a ir à França, representando o instituto, para compreender o funcionamento de um equipamento que havia sido adquirido por eles. Lá observei que havia mini-impressoras em todos os lugares. Isso ainda não ocorria no Brasil. Quando retornei, falei para Wolney: "Estamos feitos! Esse negócio de mini-impressora é o futuro." Então decidimos apostar todas as nossas fichas nesse produto, que acreditávamos que iria "bombar" por aqui em pouco tempo. Depois de um ano e meio na incubadora, ainda em 1991, conseguimos desenvolver as duas impressoras, a de telex e a mini-impressora.

Mais um desafio a ser vencido

Quando tudo parecia ir bem, ficamos assustados ao receber uma ligação telefônica do diretor-superintendente da Menno. Até então eu nunca havia chegado perto da sala dele na empresa. Ele me comunicou que a empresa não queria mais fabricar nosso mecanismo, pois o projeto como um todo parecia muito inconsistente na visão dele.

Ficamos extremamente preocupados. Consideramos até que nosso projeto estava perdido. Sem o mecanismo impressor, nosso plano não iria para frente. Naquela altura, a Menno, localizada em Erechim, no noroeste do Rio Grande do Sul, já era uma companhia importante, nossa dedicação e também a dedicação dos técnicos deles envolvidos no projeto era total.

Marcamos uma reunião com o superintendente e a equipe, e pegamos a estrada em meu Chevette preto, o carro oficial da Bematech. Chegamos de terno e gravata na empresa. Acho que era a primeira vez que eu colocava um traje desses, desconsiderando as festas de 15 anos e os casamentos. Lembro que eu e Wolney entramos na reunião com seriedade no semblante. Queríamos demonstrar que apesar de jovens sabíamos o que estávamos fazendo.

Importância de um plano de negócios

Antes da reunião, fizemos uma projeção dos números de venda de impressoras de telex de nosso cliente, que era o maior fabricante desse equipamento no Brasil. Essa estimativa apontava que havia ainda milhares de máquinas deste tipo a serem produzidas, apesar de o telex já estar com os seus dias contados. Colocamos esses dados no papel e o levamos para a reunião. Lá, o superintendente da Menno nos explicou que embasou a decisão da empresa de não mais trabalhar conosco no fato de estarem desenvolvendo o protótipo, mas não recebendo dinheiro. Disseram que era necessário colocar a ferramentaria da empresa à disposição de nosso produto, o que acarretaria custos ainda maiores. Nesse instante, exibimos as projeções de venda de telex e mostramos uma estimativa do faturamento que a Menno teria com o mecanismo que nos forneceria a partir do início de produção. O número que exibimos era mais do que suficiente para amortizar os custos apresentados por ele, deixando ainda um bom lucro para a empresa. Falamos que eles teriam uma receita que ultrapassaria um milhão de dólares, caso continuassem a trabalhar com a gente. Um milhão de dólares naquele momento era muito dinheiro. O superintendente arregalou os olhos e pediu para ver nossas contas, e percebeu que aqueles números fechavam. Conclusão: saímos de lá com o projeto salvo. Esta experiência nos transformou em bons vendedores.

É sempre fundamental embasar suas ideias e projetos com números, se você pretende ser levado a sério. Por mais simples que seja, é necessário o desenvolvimento de um *business plan* quando estamos tratando de um empreendimento. Neste material é importante que estejam todos os números necessários para convencer as pessoas e embasar as ideias. Não adianta nada ser um nerd, um Professor Pardal, ou alguém que cria um produto maravilhoso, se não houver um pé na realidade do mercado. Para convencer pessoas são necessários argumentos fortes.

Se tivéssemos chegado para aquela reunião com apelo emocional ou com o velho "confie em nós que dará certo, pois sabemos o que estamos fazendo", com certeza voltaríamos para a incubadora sem o fornecimento do mecanismo e, assim, sem um futuro para o nosso projeto.

Na realidade, quando um empreendedor estiver vendendo um projeto para um cliente ou investidor, não pode piscar, titubear e ficar sem responder a todas as perguntas. Só ele pode fornecer respostas, afinal ele é o responsável. Eu e Wolney sempre nos preparamos muito para ir a reuniões. Não pensávamos na teatralização que às vezes envolvem essas negociações, nos preparávamos para todo e qualquer questionamento. Era questão de honra: não poderíamos sair de uma conversa sem responder de forma firme e embasada as perguntas colocadas. Na verdade, tínhamos medo de perder tudo aquilo, não queríamos arriscar. Parte de nosso sucesso tem a ver com isso. A tarefa de casa envolve ter em mãos convicções fortes. Antes de uma reunião com investidores, governo ou clientes, o empreendedor precisa estar extremamente à vontade e convicto. A pessoa precisa estar pronta para responder a todas as perguntas. Um empreendedor precisa ter paixão, convicção e argumentação, que envolve dados e fatos. Percebo que existem empreendedores com dificuldades para responder perguntas e quando o fazem fornecem respostas pouco convincentes e pouco embasadas. Hoje, o investidor não perde tempo, deseja perceber que o empreendedor é capaz de ir de um dia para outro de ônibus para a China para ver seu projeto acontecer! Caso um investidor pergunte: "Você venderia seu carro ou sua casa para colocar recursos em seu projeto?" O empreendedor não pode demonstrar insegurança para responder, caso contrário se complica. Ele deve dizer que já fez isso e faria isso novamente. Quanto mais sincera for sua convicção, mais fácil será a venda do projeto. Alguém irá acreditar nele.

Busca de dinheiro e o início oficial da Bematech

Tivemos muita dificuldade para financiar o nosso projeto. Acredito que atualmente o ambiente de negócios é mais favorável do que era na época em que começamos nosso negócio. Ouvimos muitos "nãos". Nós procuramos o hoje extinto Banco de Desenvolvimento do Paraná (Badep), a Financiadora de Estudos e Projetos (Finep) e o Banco Nacional de Desenvolvimento Econômico e Social (BNDES), mas não conseguimos dinheiro nenhum. Tentamos também obter apoio de empresários. Demorou para conseguirmos alguém para nos bancar. Muitas pessoas que nos escutaram disseram, na época, que nosso projeto era incipiente. E na verdade elas tinham razão. Queríamos produzir uma impressora para telex, mas não tínhamos nem uma empresa constituída. Éramos dois jovens dentro de uma incubadora.

O BNDES acabou injetando recursos em nosso negócio quando já estávamos fabricando e faturando. Creio que a sorte nos ajudou.

Resumindo: um projeto de mestrado que foi parar em uma incubadora, recebeu investimentos e acabou se transformando em uma indústria. Essa história repercutiu bastante até fora do Brasil. Por aqui, foi tema de estudos acadêmicos em várias instituições em todo o país. O nome da empresa é sempre lembrado por ser um exemplo de sucesso de incubação de projetos. Nossa trajetória virou uma inspiração para muitos jovens que procuram incubadoras para se instalar. Até hoje sou abordado por alunos e professores de universidades, pessoas que se impressionam com a maneira com que construímos nosso negócio.

Iniciamos oficialmente as atividades de nossa companhia, como empresa constituída e devidamente registrada, em outubro de 1990. O nome que escolhemos inicialmente para a empresa era pomposo: Betiol e Malczewski Tecnologia. Percebemos logo que usar nossos sobrenomes não ficaria legal, então simplificamos para BeMaTec e a empresa ficou registrada como Bematec Indústria e Comércio de Equipamentos Eletrônicos Ltda. O "h" no final só veio mais tarde quando da entrada dos investidores no projeto. Nosso primeiro colaborador foi um estagiário de 17 anos, aluno do CEFET, que depois foi efetivado. Ele está até hoje conosco. Nesse período continuei viajando para Erechim para acompanhar e resolver problemas técnicos do mecanismo desenvolvido pela Menno. O protótipo funcionava perfeitamente. No entanto, as primeiras peças produzidas por eles não deram certo. Lembro-me que recebi uma primeira leva de cerca de 20 mecanismos impressores de telex que estavam com problemas. Não tive dúvida em colocar todos os equipamentos em meu Chevette e partir para Erechim. Inicialmente, penamos bastante na área técnica. Eu ficava dias na Menno para ajudar os profissionais da empresa a acertar nosso mecanismo na linha de produção, apesar da minha formação não ser em mecânica.

Íamos acertando nosso negócio, mas precisávamos de dinheiro para que ele alavancasse de fato. Em 1991, estávamos buscando investidores.

Nossas tentativas de levantar dinheiro no Banco de Desenvolvimento do Paraná e no BNDES foram frustradas. Tivemos algumas conversas com possíveis investidores, mas elas não deram certo. Em uma delas, que caminhou bem, decidimos não avançar, pois os investidores só fariam negócio se tivessem o controle (mais de 50%) do empreendimento. Não aceitamos.

Nessa época eu estava dando aulas no curso de engenharia de computação da PUC, e um professor amigo meu comentou com um conhecido que havia uma jovem empresa na área de informática procurando parceiros investidores. Marcos Slaviero faz parte de uma tradicional família de empresários do Paraná. Tínhamos algo em comum: vínhamos de Ponta Grossa, onde ele e sua família haviam morado por muitos anos. Mais tarde descobrimos que nossos pais se conheciam. Ele e seu irmão estavam interessados em investir em algo relacionado à área de informática, pois tinha um amigo nos Estados Unidos que conhecia o setor e o estava recomendando por ser um segmento muito promissor em qualquer lugar do mundo. Assim, todos esses fatores nos uniram.

Em nossa primeira reunião, lhe apresentei o empreendimento que compreendia as duas impressoras. E ele se interessou. Combinamos que conversaria com seus sócios, parceiros em outros investimentos, pois Marcos queria apresentar a oportunidade a eles, e eu iria conversar com Wolney. Marcamos então uma próxima reunião com todos presentes com a esperança de poder avançar nas negociações. Após uma conversa com todos, marcamos de apresentar "números" e discutir de forma direta o investimento. Preparamos nossos cálculos e os levamos à reunião.

Dissemos que precisávamos de 150 mil dólares para fazer o negócio decolar. Ressalto que, nesta reunião, havia dez pessoas: eu, Wolney, Marcos e mais sete investidores do grupo do Marcos. Inicialmente, alguém propôs que dividíssemos a empresa em dez cotas iguais. Cada um ficaria com 10% da companhia. Na hora, relatamos que conhecíamos casos de empreendedores que perderam interesse por seu negócio após virarem sócios minoritários. Colocamos também que tínhamos ali dois grupos: os empreendedores e os investidores. Propusemos que ficássemos cada um dos dois fundadores com 25% das cotas e eles, com as outras 50%. Acabamos fechando o acordo nessas condições após realizarmos mais algumas reuniões. O aporte de 150 mil dólares ocorreu ao longo de um ano, entre setembro de 1991 e agosto de 1992.

Nosso próximo passo foi começar a contratar pessoas e a fabricar nossos produtos. Contratamos uma assistente financeira, um contador que trabalharia em tempo parcial, uma pessoa para montar os protótipos e dois estagiários. Não tínhamos a menor noção de como se administrava uma empresa. Lembro-me que, em uma reunião, um dos sócios investidores perguntou sobre o talão de cheques da companhia. Prontamente, eu tirei o talão de meu bolso. Foi uma surpresa geral. Empresas organizadas não deixam o talão de cheques na mão das pessoas. Pagamentos devem seguir um procedimento para evitar descontrole e a correta contabilização dos gastos. Depois desse episódio passamos a organizar melhor a companhia, passamos a praticar também o que se convencionou chamar de governança corporativa.

Recordo-me que nessa época tinha lido um livro chamado *O empreendedor,* de Ronald Degen. Esta leitura ampliou bastante meus horizontes. Durante um bom tempo, fui um devorador de livros. Lia em casa, nas viagens de ônibus que fazia para a empresa, em todos os lugares. Muitos conceitos que apliquei na Bematech vieram dessas leituras, principalmente nas questões estratégicas e na condução dos negócios. Fomos também ao Sebrae, onde aprendemos a fazer projeções de custos e receitas e a detalhar o fluxo de caixa da empresa.

As coisas começaram a caminhar bem com o início da construção da equipe e a condução das atividades para colocar o negócio em pé. Eu e Wolney começamos a nos dividir para administrar a empresa de forma mais eficiente. Aliás, temos personalidades muito distintas. Ele é mais formal e eu, solto. É interessante ouvir nós dois juntos defendendo um projeto. Nosso poder de convencimento sempre foi muito forte.

Até maio de 1992 trabalhávamos na incubadora. Depois fomos para um pequeno prédio alugado, muito próximo do Tecpar. Penso que o sucesso da Bematech se alicerçou em 3 momentos cruciais: o instante em que fomos aceitos na incubadora, o aporte de dinheiro do grupo de empresários e o acordo que fechamos com a HP em 1993.

Entre o fim do mestrado até o início da produção e vendas das duas impressoras, tivemos quase três anos de trabalho. Da entrada efetiva na incubadora até os primeiros protótipos funcionais passaram-se um ano e meio. Nosso conceito se materializou neste espaço de tempo. Acho difícil uma história similar ocorrer mais rapidamente. Muita gente deseja sair da faculdade e um ano depois ver seu negócio em pé. Se isso envolve a construção de um produto comercial, vendável, é impossível.

Percebo que muitos empreendedores cometem o erro de solicitar grandes quantias junto a investidores para começar seu negócio. É comum observar gente pleiteando um milhão de dólares. Nós pedimos 150 mil dólares para um grupo de empresários que tinha muito dinheiro. Estávamos numa incubadora, éramos professores mestres no assunto. Por que não iriam fazer, digamos, uma vaquinha entre eles para desembolsar o valor solicitado? Afinal, o que pedíamos não poderia ser considerado muito dinheiro. Os valores precisam ser justificados.

Missão e visão em progresso

Com a evolução do negócio, começaram a surgir preocupações que nem imaginávamos existir. Não tínhamos nenhuma patente de nossos produtos e ideias. Missão e visão foram aspectos construídos mais tarde. O foco era total nos produtos e trabalhávamos muito pouco os quesitos da organização. Eu e Wolney desejávamos claramente duas coisas: ter um grande negócio que fizesse a diferença e fazer produtos com qualidade. Muitas vezes brigamos com fornecedores por causa disso.

Sempre fui obsessivo pela qualidade e muito detalhista. Queríamos ter uma indústria para produzir algo em grande escala. Nos inspirávamos no modelo de empresas de tecnologia da Califórnia, e sabíamos que um dia a Bematech iria ter que abrir seu capital. Minha paixão pelo negócio sempre esteve atrelada à possibilidade de eu ganhar dinheiro com ele.

Ampliando horizontes

A partir da encomenda da Cobra Computadores, começamos a visitar todas as empresas que tinham atuação no segmento de automação bancária para mostrar que era possível colocar um PC na boca de caixa, porque nós tínhamos uma impressora para aquela aplicação.

Apesar de já existir equipamentos impressores parecidos lá fora, nenhum era adequado para automação de bancos no Brasil. Havia principalmente três limitações técnicas que impediam a utilização daqueles equipamentos nos bancos brasileiros.

A primeira era a fonte de alimentação: o suprimento de energia em países como Estados Unidos e Japão é muito confiável e constante, pois a tensão de alimentação não varia, não sofre picos ou baixas. Em contrapartida, o fornecimento de energia por aqui sempre foi muito ruim, basta perceber que equipamentos importados sofriam e ainda sofrem muitos problemas para funcionar no Brasil. Nosso território é muito grande e diverso, em alguns lugares a tensão de alimentação fornecida é 110 v e, em outros, 220 v. Nós conseguimos desenvolver uma fonte de alimentação para nossa impressora que funcionasse numa faixa de 90 v a 240 v. Essa fonte era conhecida como Full Range, muito usada em equipamentos de laboratório. Adaptamos essa tecnologia para o uso em nosso produto. Tivemos dificuldade para desenvolver esta fonte em um tamanho compacto.

A segunda questão técnica vinha da necessidade da impressora autenticar os boletos que eram pagos nos bancos, os quais muitas vezes tinham várias vias ou folhas que deveriam receber uma impressão que autenticava que os mesmos haviam sido pagos. O cabeçote de impressão precisaria ser suficientemente robusto para permitir a impressão em várias vias ao mesmo tempo.

O terceiro aspecto estava diretamente ligado ao nosso ambiente econômico, que convivia, na época, com altas taxas de inflação. As quantias de dinheiro tinham de ser apresentadas com muitos dígitos. Impressoras importadas imprimiam em 40 colunas de caracteres. A nossa, trabalhava com 48, permitindo que os bancos conseguissem registrar suas operações de vários dígitos. Até hoje está vigente este padrão de impressão bancária em 48 colunas de caracteres.

Nós conhecíamos o nosso projeto ou produto por completo, nos mínimos detalhes. Esse conhecimento facilitava nossa vida quando era necessário realizar alguma adaptação no produto. Às vezes bastava uma noite de trabalho para eu adaptar nosso projeto à necessidade de um cliente específico, e isso era comum naquele tempo. Cada empresa de automação bancária queria que a impressora que iria utilizar tivesse determinadas características que comumente eram diferentes das de outros competidores.

Começamos a fabricar a impressora para telex e algumas mini-impressoras para fornecer para o mercado de automação comercial em meados de 1992, logo após sairmos da incubadora para o prédio que alugamos.

No final de 1992, tomamos um susto. A empresa de telex que comprava nossa impressora estava quebrada. Ficamos sem receber os pagamentos deles, apesar de já estarmos fornecendo o produto e de já termos gasto os 150 mil dólares que tínhamos recebido como aporte dos investidores. Nesse momento, fabricávamos muito mais impressoras para telex do que mini-impressoras. Nosso faturamento ainda era muito baixo. Eu e Wolney decidimos apertar os cintos e não pedir mais dinheiro aos sócios. Ao mesmo tempo, intensificamos nossas visitas às empresas de automação bancária. A demanda por impressoras nesse setor começou a crescer. Sentimos que poderíamos fechar um projeto com uma companhia a qualquer momento. Nessa época, nós estávamos em um estágio avançado de relacionamento com a HP, que fazia testes em nossa mini-impressora. E de fato, em maio de 1993, conseguimos fechar um contrato com a companhia, ou melhor, um excelente contrato! A HP havia assinado o que era seu segundo maior contrato isolado de venda de PCs no mundo, que envolveu a venda de 8 mil desses computadores para o Banco Bamerindus (vendido anos depois para o HSBC). Estávamos quase falindo e, de repente, recebemos um fax com um pedido de 8 mil mini-impressoras.

De uma hora para outra viramos o maior fabricante de mini-impressoras do Brasil, ou da América Latina. Isso iria mudar para sempre a história da empresa. Dali em diante nosso empreendimento iria se consolidar e crescer.

O que fez a diferença para fecharmos esse contrato com a HP foi nosso diferencial técnico. Nossos equipamentos estavam em testes em várias empresas, a HP era uma delas. E eu e Wolney tínhamos desenvoltura para conversar sobre nosso produto. Afinal, éramos empreendedores, técnicos e professores.

Porém, tínhamos um problema: faltava dinheiro para conseguirmos fabricar as 8 mil mini-impressoras. Além disso, éramos dois jovens empreendedores com um pequeno grupo de garotos trabalhando com a gente, iniciando uma companhia. Estávamos produzindo algo em torno de 50 impressoras por mês e teríamos que passar a produzir cerca de mil máquinas durante o mesmo período! Seria um desafio gigante.

Alguns de nossos sócios investidores queriam aportar capital na companhia para fazer frente aos investimentos e capital de giro necessários. Não desejávamos que isso fosse feito, pois essa atitude implicaria uma participação societária menor para nós, já que não tínhamos recursos para aportar juntamente com eles.

No final, o Virgílio Moreira, um dos investidores mais ativos desde o início, viabilizou um empréstimo equivalente a 300 mil dólares junto ao Banco Nacional, que depois se tornaria Unibanco.

Após fecharmos o contrato com a HP, intensifiquei as idas de ônibus para Porto Alegre, onde ficava a sede dessa instituição no Brasil, para realizar algumas adaptações em nossa impressora junto com os engenheiros deles. Cansei de fazer a barba no banheiro da rodoviária de Porto Alegre, sempre ao chegar. Após me barbear, trocava de camisa, colocava uma gravata, comia um misto-quente, tomava um café ali mesmo e ia para a reunião. Passava o dia testando modificações no produto e à noite voltava para Curitiba. Eram dez horas de viagem. Eu dormia durante todo o percurso. Na volta, eu permanecia uns dois dias trabalhando nas alterações do produto e depois partia de novo com a solução para Porto Alegre.

Eles ficavam surpresos com minha rapidez, já que geralmente as empresas levavam bem mais tempo para resolver problemas técnicos. Eu fazia tudo: mostrava os produtos, fazias as modificações e os devolvia funcionando. Isso foi uma vantagem competitiva enorme para a Bematech. Em seguida, conquistamos outros clientes como a IBM e a Unisys, além da Cobra Computador que também passou a comprar impressoras nossas. O contrato com essas 4 grandes companhias nos ajudou a ajustar a qualidade de nosso produto e de nossos processos. Nossa mini-impressora saía de nossa linha de montagem com a marca do cliente. Por exemplo, os equipamentos que iam para IBM tinham a cor, marca, caixa e manual desta empresa.

Quando a Bematech se estabilizou no mercado, já tinha alcançado um padrão de qualidade muito elevado. Sempre tivemos concorrentes, mas até hoje somos conhecidos por fornecermos o melhor produto. Comerciantes me abordam pessoalmente para falar que o equipamento da Bematech não quebra, ao contrário do que ocorre com outras marcas. Isso se deve em boa parte ao apoio que tivemos de grandes empresas como IBM e HP no início, e ao nível de exigência que essas empresas praticavam.

Entre 1993 e 1995, quando então fechamos uma operação de captação de recursos com o BNDES, crescemos exponencialmente. Nessa época, já vendíamos nossos produtos para todos os bancos, através dos principais fornecedores de automação bancária atuantes no Brasil. Inovamos novamente criando o primeiro bloco impressor para terminais de autoatendimento bancário. Posso afirmar que fomos pioneiros no mundo neste produto. Era uma impressora adaptada para o uso interno nas máquinas de autoatendimento bancário, os ATMs.

A IBM se tornou nosso maior cliente durante um bom tempo. Vivíamos em uma época de muito trabalho, em que ficávamos na empresa por um tempo prolongado, até em finais de semana. O clima interno era ótimo, muito divertido. Como todo mundo era jovem, parecia que estávamos em uma sala de aula de um curso de engenharia. Mas, de repente, entravam grupos de engravatados na empresa para se reunir com dois jovens empreendedores cercados por um bando de garotos. Nesse ambiente totalmente descontraído, discutíamos projetos para o fornecimento de dezenas de milhares de impressoras. Lembro que uma vez levamos uma psicóloga para a empresa para que ela nos ajudasse a implantar uma área de Recursos Humanos. Ela ficou assustada com o que viu. Havia caixas em todos os lados. Não havia depósito, fabricávamos e esperávamos os caminhões chegarem para levar os produtos. Eu e Wolney nem tínhamos mais sala para trabalharmos. A psicóloga, vendo tudo isso, achou que não éramos sérios, que aquilo era alguma operação estranha, algum tipo de contrabando. No entanto, éramos o melhor paradigma de qualidade do setor, mesmo trabalhando nessa aparente baderna.

Nesse momento da empresa, eu viajava com maior frequência para conversar com os clientes com o intuito de desenvolver mais os produtos e fechar contratos enquanto Wolney cuidava de todo o processo fabril e das questões internas. Foi uma fase intensa sob todos os aspectos. Esse foi um dos períodos de maior ebulição dentro da empresa. Precisávamos tomar decisões rapidamente e, naturalmente, algumas delas não eram as melhores. Chegamos, por exemplo, a investir muito dinheiro para construir uma sede própria, nova, em 1994, pois precisávamos de espaço. Poderíamos ter alugado e reformado algum prédio disponível e direcionado esses recursos para o desenvolvimento de produtos, para marketing ou para o desenvolvimento do nosso pessoal.

Nessa altura, tínhamos ainda menos de 30 anos de idade e nossa companhia já faturava alguns milhões de dólares por ano.

Mudamos para a nova sede em janeiro de 1995. Estava impossível continuar no local antigo, apesar das várias reformas que havíamos feito no prédio para suportar o crescimento de nossa operação. Nesse novo prédio, entramos em uma nova fase e contratamos gestores. Contávamos com cerca de 90 funcionários. Em pouco tempo, este número chegou a 120.

Neste momento, o BNDES avaliou nosso negócio em 8 milhões de dólares e realizou um investimento equivalente a 2 milhões de dólares na companhia.

Curva de crescimento da receita/faturamento

1990: Fundação dentro da Incubadora de Tecnologia de Curitiba;
1991: Entrada dos investidores com 150 mil dólares;
1992: Início da produção e vendas da impressora de telex e da mini-impressora. Receita aproximada de 100 mil dólares;
1993: Início do projeto com a HP. Receita aproximada de 500 mil dólares;
1994: 3 milhões de dólares;
1995: 4 milhões de dólares (equivalente a 4 milhões de reais);
1996: 6 milhões de reais;
1997: 7 milhões de reais;
1998: 10 milhões de reais;
1999: 23 milhões de reais;
2000: 50 milhões de reais.

Se eu fundasse a Bematech hoje...

Penso que estivemos durante muito tempo em cima do fio da navalha por termos dependido de um único fornecedor de mecanismo de impressora. Na época, deixamos de construir alternativas. Quem tem apenas uma opção não tem opção. Se não tivéssemos conseguido entrar na incubadora, o que poderia perfeitamente ter acontecido se eu não fosse conversar com o Ramiro Wahrhaftig, provavelmente a Bematech não teria existido. Hoje, buscaríamos outro fornecedor e pensaríamos em uma alternativa para continuar nosso projeto caso a incubadora não nos aceitasse. Sendo assim, é fundamental trabalhar com opções para não correr tantos riscos.

Também demoramos muito para contratar profissionais mais experientes. Fomos tocando a área de recursos humanos, de finanças, de engenharia, de fábrica, etc. No entanto, inicialmente não tínhamos muito conhecimento em gestão. Cuidamos de tudo por um bom tempo, fazendo e aprendendo, sem contar com gestores especializados. Esse "amadorismo" acabou gerando atritos entre os sócios, desgastes e turnover[3] alto na empresa. Precisávamos estar mais à vontade para criar produtos, nos relacionar com clientes, fazer marketing. Nós quisemos fazer um curso de gestão dentro da Bematech, aprender com a própria empresa e com nossas falhas. Empresas minimamente estruturadas não podem cometer esse erro. Não é papel do empreendedor entender, por exemplo, de contabilidade ou de auditoria externa. É muito importante investir no *back office*[4] da companhia.

Na primeira vez em que estivemos no BNDES em 1991, nosso projeto foi recusado. Ainda não tínhamos conseguido o investimento inicial para viabilizar o começo da produção de impressoras. De fato, como já comentei, o que levamos até o banco era incipiente. Era um empreendimento de dois jovens para a produção de impressoras de telex que, na época,

---

[3] *Turnover* é a troca de pessoas na companhia.

[4] *Back office* é uma expressão usada para se referir às áreas de apoio da companhia, como administração, departamento pessoal e finanças.

já não era mais um produto tão atraente. Estávamos também vivendo em um ambiente econômico e político bem complicado no período, que se tornou um obstáculo para conseguir obter dinheiro da instituição.

Em outubro de 1993, em pleno pico de produção para a HP, saí na capa da revista *Pequenas empresas, grandes negócios*, da Editora Globo. Na foto, eu estava de gravata segurando uma placa de circuito impresso de controle da impressora. A chamada dizia: "Tecnologia dá dinheiro". Nessa mesma época resolvi visitar novamente o BNDES. Mantínhamos contato com a instituição. Dessa vez, levei também um exemplar da revista. Como empresas de tecnologia precisam constantemente de dinheiro, era importante mantermos contato com eles. Tivemos uma boa conversa e, alguns dias depois, recebi uma ligação de nosso contato no banco nos propondo uma linha de crédito. Após conversar com Wolney, decidimos naquele momento recusar a oferta.

Em 1995, nossa economia sofreu uma espécie de ressaca do Plano Real. Esse plano do Governo Federal conseguiu acabar com a absurda taxa de inflação com a qual os brasileiros conviviam na época. Os bancos entraram em dificuldade e o governo os socorreu. A verdade é que muitos desses bancos ganhavam dinheiro com a inflação, que passou a não existir mais. Várias empresas que trabalhavam no setor de automação bancária e que tinham negócios com essas instituições bancárias começaram também a passar por dificuldades, já que os bancos pararam de investir. A Bematech diminuiu bastante seu faturamento no decorrer de 1995. Estávamos em um período de forte crescimento e a curva de investimento, crescente, era quase oposta com a de receita, que caía rapidamente. Então percebemos que precisávamos captar dinheiro.

Muitas empresas americanas já passaram por crises, entre elas a Dell, a HP e a Microsoft. Lá, elas balançam, mas não caem. Emitem ações e se recuperam. No Brasil, isso não existia, o mercado de capitais sempre foi muito frágil. O BNDES acabou nos emprestando 2 milhões de dólares num momento em que estávamos criando produtos novos. Se isso não tivesse ocorrido, teríamos que buscar recursos em outro lugar. Tapamos alguns buracos, pagamos os bancos que antes haviam nos emprestado dinheiro e continuamos a investir na empresa. Começamos a dar mais atenção ao segmento de automação comercial. Mudamos nosso foco, que era totalmente voltado para a área de automação bancária. A injeção de capital do BNDES foi fundamental para conseguirmos investir na impressora fiscal (falo dela logo mais). Com os recursos do banco, nosso faturamento voltou a crescer.

O empréstimo do BNDES, em forma de debêntures conversíveis em ações, foi convertido em 1999. Assim, o banco ficou com 20% das ações da empresa. Eu e Wolney passamos a ter, cada um, 20% das cotas da companhia, e os demais investidores juntos totalizavam 40%. Apesar de a Bematech ainda ser uma empresa S.A. de capital fechado, não havia dono ou controlador, pois tínhamos um número grande de investidores. Desde o início, aprendemos a ter uma empresa sem dono. Ninguém mandava de fato. Tudo precisava ser discutido. O controle precisava ser compartilhado.

Normalmente quando uma empresa é controlada por apenas uma pessoa e há excesso de confiança, essa situação leva muitas vezes à tomada de decisões equivocadas, ao erro. Amigos, cônjuge e filhos podem, por exemplo, influir em uma tomada de decisão. Ego e gosto também têm chance de interferir na gestão de uma companhia. Quando eu tinha uma ideia e Wolney não a apreciava, precisava convencê-lo sobre o que defendia. E vice-versa. Chegamos a passar algumas crises em nosso relacionamento por causa de estratégias de gestão. Até hoje temos opiniões divergentes em assuntos pertinentes a este tema. No entanto, sempre fomos alinhados sob o ponto de vista societário, de longo prazo e de valores.

Nova etapa

Continuamos investindo na companhia. Focamos no setor de automação comercial e desenvolvemos a marca da Bematech e novos produtos. Criamos um canal de comercialização e uma rede de assistência técnica no

Brasil inteiro, investimentos ainda em marketing e propaganda. Em 1996, lançamos a impressora fiscal que deu grande retorno para a companhia. O equipamento armazena em sua memória os dados de venda do estabelecimento comercial que a utiliza. Um fiscal pode a qualquer momento conectar seu notebook em nosso equipamento instalado em qualquer ponto comercial do país para examinar todo o movimento gerado por uma empresa. Ela é um ótimo instrumento para o fisco, mas sua grande vantagem é permitir ao lojista automatizar seu negócio, substituindo a emissão manual da nota fiscal por um sistema computadorizado. Em 1998, o uso desse equipamento virou obrigatório para todo varejo brasileiro. Nessa época, nosso faturamento passou a crescer rapidamente e nós nos tornamos líderes no setor, nos projetando no mercado de automação comercial. Nossos concorrentes não conseguiam nos acompanhar no quesito qualidade. Nossos produtos tinham preços competitivos e não quebravam. O varejista sempre podia contar com uma assistência técnica próxima.

A partir do ano 2000, resolvemos ampliar nossa linha de equipamentos. Lançamos vários produtos, como uma impressora para preenchimento de cheques, teclados especiais para o ponto de venda, leitores de código de barras e outros equipamentos periféricos. Alguns destes produtos não eram fabricados por nós, os encomendávamos de terceiros e colocávamos nossa marca. Ganhamos ainda mais projeção no comércio. Nessa mesma época, iniciamos um lento processo de saída do mercado de automação bancária, que não era mais o mesmo. Entre 2000 e 2001, o processo decisório na empresa estava bastante conturbado. Éramos quatro diretores e as divergências de opinião eram frequentes. O desempenho econômico-financeiro estava precário, não podíamos continuar daquela maneira. Após várias reuniões entre os sócios, a Bematech decidiu ter seu primeiro diretor-presidente. Nessa época chegamos à conclusão de que a empresa precisava mudar seu sistema organizacional visando principalmente melhorar a eficiência no processo decisório. Não pensava em assumir a presidência da empresa, no entanto acreditava que ela precisava de um diretor-presidente que pudesse liderar um novo planejamento para a recuperação da companhia. Desenvolvi a ideia de que um dos fundadores assumisse essa posição e o outro fosse para o Conselho, mantendo uma posição mais estratégica e não operacional na diretoria. Tendo criado os dois cargos, achei justo que Wolney escolhesse quem assumiria a presidência e quem iria para o Conselho. Ele preferiu ficar no Conselho e assumir a vice-presidência, uma função mais estratégica e mais afastada do dia a dia da operação.

Logo depois, em 2002, apesar do foco em automação comercial, acabamos fechando um dos maiores contratos da história da empresa, no qual vínhamos trabalhando há muito tempo. Quando o presidente Lula foi eleito pela primeira vez, a Unisys forneceu 80 mil urnas eletrônicas para o Tribunal Superior Eleitoral (TSE). Dentro de cada urna havia uma impressora e todos os equipamentos foram fabricados e fornecidos pela Bematech.

Especialização e foco

Um ano após assumir a presidência da Bematech, visando me aprimorar em gestão, principalmente de finanças, fui para os Estados Unidos fazer o curso Owner/President Management na Harvard Business School (HBS). Trata-se de um mestrado comprimido em três semanas por ano durante três anos. Tinha aulas o dia inteiro, dormia umas quatro horas por noite. Na ocasião, conheci empresários do mundo todo. O curso ampliou minha visão de administração e finanças. Um dos meus professores era Michael Porter, muito conhecido na área de estratégia, em uma das aulas ele falou sobre estratégias das companhias, foco e especialização. Afirmou que companhias mais especializadas teriam mais chances de obter sucesso no futuro. Por aqui, muitas empresas costumavam atuar em várias áreas para sobreviver. No final da aula, abordei o professor e, baseado na nossa conversa, cheguei à conclusão de que estávamos com excesso de pessoas desempenhando simultaneamente muitas atividades e não tínhamos um foco específico. Quando retornei ao Brasil, fiz uma apresentação do assunto para discutir a ideia com a diretoria da Bematech. Na ocasião, falei a todos que precisávamos largar os mercados de automação bancária e de fornecimento para empresas multinacionais, mesmo sendo áreas que geravam faturamento para a companhia. Minha proposta consistia em largar tudo o que não fosse automação comercial. Foi uma decisão difícil. Visitamos nossos clientes, entre eles a Unisys, a IBM e a Itautec, para lhes informar que não seríamos mais seu fornecedor.

Enfim, naquele momento, percebi que para a Bematech ser melhor era necessário podar algumas áreas da companhia. Assim seríamos mais fortes no segmento de nossa escolha. Naquela fase o segmento de automação comercial representava mais de 50% de nosso faturamento. Esta decisão trouxe muitos benefícios à companhia, pois, para uma empresa, é fundamental ter foco.

Quando um negócio está começando, existe uma tendência normal de várias frentes serem abertas. No entanto, em algum momento o empreendedor vai ter que observar onde ele é melhor do que os outros. E é muito importante não demorar muito para tomar esta atitude, porque ela pode custar muito caro. Existem pontos que não vão fazer a diferença no futuro, estes precisam ser eliminados.

Alterações muitas vezes envolvem eliminação de áreas, produtos e pessoas. O empreendedor precisa assumir esta tarefa, pensar exclusivamente na saúde de seu negócio, não pode se acomodar. É difícil tomar decisões de risco, fazer escolhas delicadas e demitir funcionários. Muita gente consegue até eliminar áreas, no entanto mantém as pessoas e acaba inchando a companhia por acomodá-las em outros setores. Acabei tendo de tomar decisões duras com relação a isso. Eliminamos naquele momento várias áreas e, com isso, demitimos muitas pessoas.

O empreendedor geralmente tem dificuldade para demitir porque ele costuma ser apaixonado pelo o que faz e esta paixão envolve sua equipe. Portanto, cortar alguém é sempre muito complicado. Lembro-me de uma das primeiras situações pelas quais passei. Uma vez tive que dispensar uma secretária que não estava correspondendo com as nossas expectativas. Ela começou a chorar muito e eu não parava de falar com ela, queria minimizar aquela situação. Até que ela me pediu para ficar em silêncio, pois eu só estava piorando tudo aquilo. No final ambos caímos na risada, porque a situação toda acabou ficando muito engraçada. Eu conheço pessoas que não conseguem demitir funcionários e terceirizam esta atividade. Chegam a contratar uma consultoria para desempenhar esta tarefa. Mas a realidade precisa ser encarada e, em alguns momentos, o empreendedor terá que ser frio e calculista.

No ano de 2004, crescemos bastante. Compramos uma empresa concorrente, estabelecemos filiais e começamos a ampliar as operações fora do Brasil.

Em 2006, resolvemos oferecer tudo para nossos clientes: impressora, leitor de código de barras, registradora, software etc. Neste momento decidimos virar uma empresa *one stop shop*, que é nada mais do que uma loja de conveniência. Ou seja, nossos clientes não precisavam mais recorrer a clientes distintos para adquirir cada produto, podia contar apenas com a Bematech. Até hoje estamos consolidando este conceito. Porém, para dar o primeiro passo na área de software, precisaríamos adquirir empresas. Somando toda operação necessária para mudar o foco da empresa, concluímos que desta vez precisaríamos de mais, muito mais, recursos financeiros.

Abertura de capital, a coroação para um empreendedor

Como comentei, eu e Wolney criamos a Bematech nos moldes das companhias americanas da Califórnia e sabíamos que um dia seria necessário abrir o capital de nossa empresa. No Brasil, uma empresa de capital aberto precisa ser grande. Na Índia, Estados Unidos ou em Taiwan, uma empresa com um bom projeto que fature 10 milhões de reais consegue captar na bolsa. Coincidentemente, em 2006, as empresas com capital aberto no Brasil atraíram muito dinheiro na bolsa. No momento em que planejávamos abrir nosso capital, o mercado de ações estava com um apetite enorme por novos projetos. Entre dezembro de 2006 e abril de 2007, preparamos a Bematech para abrir seu capital. O processo durou apenas cem dias porque já tínhamos uma base para esta mudança: adotávamos práticas de governança corporativa e nosso estatuto estava dentro do novo mercado desde 2001. Lançamos uma oferta de 400 milhões de reais e conseguimos captar tudo. Muitos não acreditavam que conseguiríamos chegar ao mercado de capitais, porém tivemos grande sucesso. Um grupo enorme de investidores de fora do Brasil apostou em nós. Vivi uma eletrizante odisseia durante o processo de *road show*[5]. Ele começou no Rio de Janeiro e terminou três semanas depois. Cheguei a acordar em Londres, dormir em Nova York e no dia seguinte almoçar em Boston. Estive também em Frankfurt e Paris. Fiz até 5 reuniões por dia, repetindo a mesma história. Eu adorava participar de *road shows*, pois seu processo é como uma coroação para o empreendedor. A cada nova reunião eu acreditava que me sairia ainda melhor.

Do montante arrecadado, 250 milhões de reais foram para a empresa e 150 milhões de reais, para os sócios. Com este dinheiro compramos 8 empresas. Uma de hardware nos Estados Unidos, uma de serviços em São Paulo e seis companhias de software. Passamos a ser a principal empresa de automação comercial no Brasil e uma das maiores do mundo no setor.

Minha vivência na construção da Bematech permitiu que eu aprendesse muita coisa. A partir desse aprendizado, no capítulo a seguir procuro traçar o perfil do empreendedor, de forma simples e direta, colocando-o nas diversas situações que enfrenta enquanto tenta levantar seu empreendimento.

---

[5] *Road show* é uma maratona de reuniões nas quais os executivos apresentam seu plano de negócios visando convencer investidores a comprar ações da companhia.

Capítulo 2
Vida e carreira do empreendedor

Nenhum empreendedor gosta de ser comandado. Ele precisa criar e conduzir um plano do jeito dele. O empreendedor se sente confortável edificando ideias, vivendo em um dinâmico mundo de ações em construção. Sua personalidade se torna ainda mais intensa no instante em que está desenvolvendo seus projetos. Alguns conseguem se deslocar um pouco de seu universo, no entanto, quase sempre, se o empreendedor escuta algo que não tenha a ver com seus propósitos, se afasta. Sua dinâmica é sempre criativa e não deve ser interrompida. Ele não pode perder seu foco, deve sempre fazer o que bem entender e costuma ser teimoso e doente pelo que faz.

No início de qualquer empreendimento essa deve ser a prática. Nesse momento, a adrenalina está alta e o processo de criação está em pleno curso. A paixão e a dedicação do empreendedor estão totalmente focadas em realizar algo.

Após esta primeira fase, o empreendedor precisa escutar outras pessoas para que seu projeto possa ser avaliado e ajustado, ou melhorado. Nesta então segunda fase, sua capacidade de adaptação a novos contextos é colocada à prova, pois ele necessita encontrar o caminho correto para o sucesso. O empreendedor deseja chegar ao outro lado, esta é a sua meta. Para atingir seu objetivo, ele precisa se adaptar, afinal, nem sempre o caminho escolhido inicialmente dá certo. Nesse caso, ele necessita trilhar por outra via. Sempre gostava de usar na empresa o exemplo singelo de entrar em uma casa. O ideal é entrar pela porta da frente, mas ela pode estar trancada e talvez não haja ninguém naquele momento para abri-la. Não podemos esperar, precisamos entrar, precisamos resolver isso. Diante desse cenário, lhe resta pular a cerca e entrar no imóvel pela janela da cozinha. O importante é chegar dentro da casa, aquele é o objetivo final. Como fazê-lo não interessa. O empreendedor precisa ter boa formação, não necessariamente através de educação formal, porém um bom histórico de estudante ajuda muito. Ele pode ser autodidata, ter sido educado por sua família, ou ainda recolhido informações em viagens e experiências vividas.

É fundamental que ele domine o tema relacionado ao seu negócio, debruçando-se sobre o assunto pertinente e chegando a conclusões relevantes.

No decorrer do desenvolvimento de uma ideia, é comum o empreendedor apresentar em um dia qualquer no local de trabalho uma série de novas possibilidades ou um plano diferente do que vinha sendo realizado. A impressão que se tem, olhando de fora, é de que ele é uma pessoa intempestiva, que dormiu pensando em algo e acordou querendo mudar tudo de uma hora para a outra.

Eu costumava fazer reuniões na empresa com a equipe nas manhãs de segundas-feiras. Nessas ocasiões, expunha projetos ou ideias usando slides preparados com antecedência. O pessoal tinha a impressão de que eu havia idealizado tudo aquilo no dia anterior, que eu tinha ficado maluco, porém, tudo era fruto de introspecção de semanas ou até meses.

Esta dinâmica acaba se tornando um problema, pois o empreendedor deseja que suas ideias sejam aceitas após poucas horas de explanação e discussão, e que as mesmas sejam implementadas em semanas. Daí nasce a frustração. Normalmente a equipe tem dificuldades em fazer aquilo acontecer rapidamente, pois passou a tomar contato com essa nova possibilidade há pouco tempo. O timing do empreendedor é diferente do timing da equipe.

As grandes ideias nascem da introspecção. A genialidade, a meu ver, está diretamente ligada à individualidade. As pessoas só aceitam dividir uma ideia no instante em que isso se faz necessário. Muitas vezes, o empreendedor expõe seu projeto porque deseja testá-lo ou porque não consegue desenvolvê-lo sozinho a partir de um determinado ponto. Porém, recomendo que uma ideia só seja aberta caso esse compartilhamento esteja atrelado a um objetivo. Se de um lado a falta de comunicação pode ser ruim para o negócio, de outro, o excesso de transparência não é bom. É importante ser seletivo neste tema.

O empreendedor tem a característica de, por ser normalmente apaixonado pelo que faz, falar demais expondo-se e expondo suas ideias desnecessariamente. Deve-se tomar cuidado de expor aquilo que é necessário para se atingir determinado objetivo, sem abrir informações importantes e muitas vezes críticas sobre sua forma de gestão e suas ideias ou segredos sobre sua tecnologia.

Compartilhar ideias demanda disponibilidade de tempo, pois muitos empreendedores não têm paciência para lidar com reuniões e exposições das mesmas. Querem fazer tudo rapidamente e, diante desta realidade acabam sendo, muitas vezes, incompreendidos.

Em 1999, 10 anos depois de ter completado meu mestrado, resolvi voltar para a sala de aula como aluno. Isto ocorreu quando o pessoal da Federação de Indústrias do Paraná me convidou para representar o estado do Paraná como empreendedor em um curso no Institute for Management Development (IMD) em Lausanne, na Suíça, organizado pelo Instituto Euvaldo Lodi (IEL) de Santa Catarina. O IMD é uma referência europeia na área de gestão. Na ocasião, passei uma semana estudando casos relacionados ao tema da globalização de empresas. Vários empresários de Santa Catarina e alguns do Paraná participaram do programa. Em uma das primeiras sessões, um dos professores fez uma sequência de perguntas. "Quem de vocês sabe aonde quer chegar?" Todos, empresários de sucesso, riram. E continuou. "Quem de vocês têm um plano consistente para chegar a este objetivo?" Todos riram de novo. Afinal, como estávamos ali, supostamente estávamos cientes de nossos grandes objetivos e teríamos este plano bem delineado. O professor prosseguiu perguntando. "Quem de vocês está seguro de que este plano vá dar certo?" Tivemos a mesma reação. Até que ele parou e de repente nos inquiriu de forma mais incisiva: "Quantas pessoas de sua empresa conhecem este plano?" Foi uma ducha de água fria. Todos nos olhamos e percebemos que estávamos muito seguros em como conduzir nossos negócios, mas poucos dos nossos mais próximos colaboradores conheciam profundamente o que e como queríamos fazer.

Ter objetivos grandes e consistentes é uma característica do empreendedor, do líder, porém compartilhar já é outra história. Não compartilhar informações no momento certo, quando a equipe precisa desses dados de forma antecipada para que possa executar o que é necessário, é um problema dentro das empresas.

Geralmente os projetos andam muito rápido em seu início pois os mesmos dependem apenas dos empreendedores. Vivi isso. Ao assinarmos nosso primeiro contrato com a HP, eu fazia reuniões lá para avaliar os problemas de nosso projeto, posteriormente trabalhava em suas soluções e, dias depois, retornava com a solução para eles. Eu e Wolney não dividíamos essas questões com ninguém. Com o passar do tempo, contratamos coordenadores e gerentes porque não conseguíamos mais tocar tudo sozinhos. Quando os processos começam a andar mais vagarosamente, porque eles começam a esbarrar nas pessoas, o empreendedor se frustra. A vontade é a de voltar a fazer tudo sozinho.

Muitos empreendedores não conseguem explicar o que exatamente têm em mente. Uma boa comunicação é fundamental para expor ideias com clareza e conseguir vender seu peixe. Isso vale tanto para se relacionar com potenciais clientes como com a própria equipe. Muitas vezes processos bem-sucedidos de comunicação são confundidos com carisma pessoal. Uma comunicação enérgica e apaixonada pode elevar muito o potencial de um líder. Isso pode ser aprendido, eu mesmo aprendi. Sempre fui muito convincente quando precisava expor minhas ideias para minha equipe e para meus clientes. Colocava paixão e energia no que estava falando, trabalhava meu processo de comunicação. Uma pessoa que não seja carismática pode sim ser um ótimo líder. Basta que ela concatene as ideias, organize-as e transmita-as com calma e segurança. Isso é o bastante para estabelecer uma comunicação de qualidade.

Momento certo para contratar profissionais

No começo de qualquer negócio, o empreendedor assume sozinho 90% do que é necessário ser feito. No entanto, é fundamental, a partir de determinado momento, que ele divida as responsabilidades de seu projeto para que a empresa não sofra limitação de crescimento. Afinal, não se consegue estar em todos os lugares e desempenhar todas as atividades. A partir de 1993, cerca de três anos após a fundação, começamos a redesenhar a organização da Bematech e a delegar funções para nossa jovem equipe. Naquele momento, escolhemos os profissionais com melhor capacidade de comunicação e condução de equipes para promovê-los a cargos de coordenação. Percebemos que era importante fazer isso, caso contrário teríamos problemas em executar tarefas na medida em que o nível de complexidade do empreendimento começasse a crescer. Fizemos essas mudanças no timing correto. Porém, nem sempre os momentos certos de tomada de decisão são percebidos. Por isso valorizo bastante o brainstorming dentro das empresas, principalmente no início.

A dinâmica deve ser solta no começo de todo empreendimento. Isso possibilita a atração de talentos para a empresa, pois pessoas criativas gostam de se sentir livres. No entanto, a uma certa altura, as companhias precisam parar, discutir e organizar formalmente algumas de suas estruturas. Quem tem talento para criar e empreender não vai ter bom desempenho em rotina, processo, estrutura organizacional etc. Empreendedores que se dedicam a essas atividades mais organizacionais e de processo acabam desperdiçando seu tempo, que deve estar focado na linha de frente do negócio. Eu e Wolney tentamos nos tornar empreendedores administradores. Passaram-se vinte anos e, francamente, não tivemos tanto sucesso nesse sentido. Aprendemos muitas coisas, no entanto sabemos que não somos os melhores executivos que uma companhia pode ter. O empreendedor precisa ter noções de administração para discutir com seus pares e com seus liderados, porém, deve contratar, o mais cedo possível, profissionais para atuar em áreas que não são de seu domínio, normalmente de administração, finanças e RH, dentre outras. É aconselhável fazer isso quando a empresa já tiver uma alguma garantia de sucesso, como um contrato que está sendo fechado ou perspectiva clara de crescimento.

Qualquer pessoa pode empreender com sucesso?

Um empreendedor precisa ser persistente e ter muita energia, pois ele passa por muitas dificuldades no início de seu negócio, essa é a regra universal. Basta ler a trajetória de pessoas como Bill Gates, Steve Jobs e até Thomas Edison. Todos passaram por percalços. A energia do empreendedor cresce quando ele enxerga claramente o seu objetivo e, com o tempo, tende a diminuir. No entanto, no momento em que um projeto está para acontecer, sua energia e persistência são amplificadas. Não existe empreendedor de sucesso que não seja persistente. Ele supera muitas barreiras em função do objetivo que pretende alcançar.

A pessoa que joga a toalha após algumas tentativas provavelmente não obterá sucesso. Um empreendedor nunca deve desistir de seu projeto. Em seu dicionário não existe a palavra "fracasso", tudo pode ser resolvido de uma forma ou de outra. Falo isso com muita tranquilidade por ter vivido situações bem complicadas. Sem deixar de lado a ética e permanecendo dentro da lei, vale tudo para atingir os objetivos. O empreendedor muitas vezes não perde tempo para convencer os outros de suas ideias. Ele prefere suplantar seu desafio e depois comunicar as pessoas sobre o que conseguiu fazer.

Algumas correntes de pensamento, muitas delas acadêmicas, defendem que qualquer pessoa pode ser empreendedora. Acredito que as características de personalidade dos indivíduos são determinantes para que eles atuem ou não como empreendedores, ou seja, não estou seguro de que qualquer um possa ser empreendedor. Todo empreendedor enxerga o mundo de maneira diferente. Percebo que muitas das características de personalidade que possibilitam uma pessoa a tentar empreender um projeto são desenvolvidas na infância. Por isso, acredito que o tema "empreendedorismo" deva ser abordado nas escolas ou mesmo em casa o mais cedo possível.

Parece que, nos últimos tempos, o apetite empreendedor no Brasil vem aumentando em função de vários fatores, como a maior divulgação de casos de sucesso, a disponibilidade de módulos e ferramentas acessíveis para o desenvolvimento de produtos e uma mudança cultural importante: no tempo de nossos pais e avós, as pessoas eram educadas e motivadas a conseguir um bom e estável emprego, se possível em uma grande empresa estatal. Boa colocação profissional ainda é desejável, mas, na medida em que o nível cultural e de educação cresce, mais as pessoas querem criar um negócio próprio, mesmo com todas as dificuldades que nosso país apresenta ao empreendedor.

O brasileiro tem que se virar para conquistar seus objetivos porque todo o sistema é desfavorável ao desenvolvimento de negócios formais – ao contrário do sistema de países desenvolvidos. Por isso existe muita informalidade no Brasil. Burocracia, impostos altos, encargos abusivos em folha de pagamento, entre outros aspectos, atrapalham a vida dos empreendedores. Este ambiente tende a não propiciar o surgimento de uma grande quantidade de empreendedores de sucesso por aqui.

Há também uma importante questão cultural. Em países como os Estados Unidos, a falha não é encarada propriamente como um problema. No Brasil, ocorre exatamente o contrário. Quando ocorre um erro, a sociedade culpa as pessoas que o geraram, criando um círculo vicioso. Em qualquer empreendimento, falhas sempre acontecem. Alguns produtos de grandes companhias não foram bem-sucedidos inicialmente, como a panela elétrica de fazer arroz da Sony, que queimava o alimento. No caso da Bematech, cito a impressora de telex, que foi um produto fabricado por um período muito curto. Alguns insucessos ajudam as empresas a construírem sua base para o sucesso.

Gestão de pessoas e relação entre os sócios

Frequentemente os colaboradores envolvidos em um empreendimento tem muita dificuldade de entender qual o rumo que o negócio está tomando, muitas vezes a equipe trabalha "às cegas". O ponto de partida desta dificuldade é o problema de falta de boa comunicação entre o empreendedor e seus sócios ou a equipe.

Em relação à equipe, quanto antes o empreendedor montar o time certo, melhor. Trabalhar com pessoas proativas, que não trazem problemas para o empreendedor resolver, mas sugestões e possibilidades para solucionar determinada questão ajuda muito, acelerando a consolidação do negócio já no início. Porém, achar o time certo de cara é raridade. Normalmente o empreendedor acaba tendo de lidar mais tempo do que gostaria ou deveria rearranjando seu time. Neste sentido, é fundamental perceber um erro de contratação logo e corrigir isso o mais rápido possível. É difícil lidar com pessoas, contratá-las e demiti-las. Uma relação que não está dando certo não deve ser estendida, parte do sucesso de um negócio está ligada a esta premissa. Muitas pessoas têm dificuldade de demitir e ficam postergando esta decisão. Quanto antes o empreendedor perceber esta dificuldade e procurar ajuda, melhor será para o seu negócio.

Em relação aos sócios, observo que esta parceria é inicialmente uma espécie de lua de mel. As pessoas se associam em busca de um objetivo, abrem mão de muitos sonhos em prol do sucesso do empreendimento. Nessa dinâmica inicial, os sócios podem divergir de opinião, mas acabam se entendendo e vivem em harmonia. No entanto, no decorrer da sociedade, o desgaste é natural. São raros os casos cuja relação entre os sócios não estremeça em determinado momento da companhia. No instante em que os conflitos ocorrem, os sócios precisam observar a empresa como o objetivo maior. Isso pode ser complicado, mas não há como fugir de uma realidade: tudo que envolve pessoas gera conflitos. Uma boa convivência entre sócios não é fácil de ser estabelecida e mais difícil ainda de ser mantida.

Toda lacuna, fruto de assunto não discutido e não resolvido, pode se transformar em uma área de conflitos. Deve-se também avaliar qual o melhor sócio para atuar numa determinada área, julgando o talento que cada um possui. Se não houver discussões maduras, problemas de relacionamento podem começar a ocorrer dentro da companhia. E conflitos têm o poder de gerar cisões no futuro. Vale a pena escrever acordos entre acionistas e definir o papel de cada um na sociedade, o quanto antes.

Problemas entre sócios acontecem frequentemente em dois momentos: quando a empresa vai mal ou quando ela está gerando bastante dinheiro. No primeiro caso, a culpa do insucesso é sempre do outro, que fez tudo errado. No segundo, um sócio pode acreditar que está trabalhando mais do que os demais e "carregando todos nas costas".

Penso que a carga de trabalho e a remuneração são temas que precisam ser antecipadamente debatidos internamente, porque em um determinado momento alguém vai trabalhar mais do que o outro. É impossível pessoas terem jornadas de trabalho idênticas. A remuneração precisa estar atrelada a carga de trabalho de cada um.

A participação societária na companhia também é um assunto delicado. Sempre haverá um familiar ou um amigo próximo pronto para comentar que o outro sócio trabalha menos e ganha a mesma quantia. Como ninguém é um ser isolado no mundo, essas influências externas podem interferir nas relações entre os sócios. Toda indefinição, seja no processo, no cargo, em uma atividade, em uma tarefa, na remuneração ou em qualquer outra questão societária, é um potencial gerador de problemas em qualquer empresa.

Crise instalada entre sócios

Existem momentos em que o diálogo entre os sócios se torna difícil ou simplesmente para de acontecer. Isso não é tão incomum. Muitas pessoas permanecem nos mesmos ambientes, mas não conversam. Quem não chegou ainda a este ponto, mas percebe que está a caminho, precisa travar uma conversa franca com seus sócios. É necessário se abrir e falar o que está incomodando nos outros. De preferência em um ambiente fora do dia a dia do trabalho, em uma atividade relaxante como um happy hour ou um churrasco.

Em casos extremos, é necessário contratar um mediador. Normalmente este profissional é uma pessoa mais velha e experiente acostumada a lidar com situações de conflito. A autoridade deve ser transferida a ele para que o negócio seja recolocado nos trilhos. Mesmo que a relação entre os sócios não volte a ser a ideal, o conflito será amenizado. Lembre-se de que o atrito e a falta de diálogo podem derrubar uma empresa.

Muitas sociedades começam a partir de relações de amizade. Pode parecer exagero o que vou afirmar, mas acredito mesmo nisto: muitas vezes, para destruir uma amizade, basta montar uma sociedade.

Raríssimos são os casos em que sócios conseguem manter ótima relação durante todo o tempo em que estiverem à frente de uma empresa. Isso ocorre quando as pessoas adotam a postura de abrir mão de certas coisas em prol de outro sócio. Se apenas um sócio adota este posicionamento, tende a se cansar e tornar-se menos colaborativo. As boas sociedades são aquelas que conseguem estabelecer relações afáveis e tranquilas entre seus sócios. No instante em que as pessoas começam a entender quais são suas virtudes e limitações e as de seus pares, passam a estabelecer relações maduras.

> **O que vi, vivi e aprendi sobre esses temas**
>
> No início do empreendimento é necessário que haja um ou mais empreendedores com energia e capacidade de execução para colocar o negócio em pé. Com o passar do tempo, e na medida em que o empreendimento começa a caminhar, é necessário organizar melhor as coisas e, nesse momento, alguém precisa tomar a frente do empreendimento e liderar a empresa. Se um dos empreendedores assumir esse papel, irá precisar de ajuda, pois normalmente os empreendedores não gostam de rotina e muitas das atividades de liderança executiva envolvem a rotina de reuniões de planejamento e reporte, questões administrativas e burocráticas, estabelecimento de processos internos etc. Em muitos empreendimentos, a decisão da escolha de um líder é postergada pois normalmente os empreendimentos são iniciados por 2 ou 3 empreendedores e definir que um deles deverá liderar pode gerar mal-estar na sociedade. Essa indefinição pode atrapalhar o desenvolvimento do negócio.

Contratar um profissional experiente que assuma a organização da empresa é fundamental nesse processo, seja para colocá-lo como "braço direito" do empreendedor líder ou mesmo para colocá-lo por um determinado período como principal executivo da companhia.

Vida pessoal x cotidiano empresarial

É comum ouvirmos que temos o poder de controlar nossa agenda no dia a dia. Ledo engano. Se o empreendedor quer, por exemplo, frequentar uma academia de ginástica, certamente não conseguirá fazê-lo com certa frequência.

Empreendedor não tem horário para nada. Em vários momentos, ele não terá tempo para ir ao cinema, ao shopping ou para conviver com os filhos. Nessa fase, a do início da construção de um negócio, e ela pode demorar anos, as pessoas dormem no máximo cinco horas por noite para conseguirem se dedicar integralmente ao seu empreendimento. No entanto, esta dinâmica faz parte de um ciclo, que pode se tornar mais brando.

Não existe empreendedor de sucesso que não seja workaholic. Porém, muitas pessoas continuam se dedicando em demasia ao trabalho quando isso já não é necessário, o ritmo acelerado se torna um vício. Nos momentos em que há calmaria, o empreendedor deve priorizar a família, os amigos ou dedicar-se a atividades de lazer. É muito importante no ciclo de desenvolvimento do empreendimento a mescla de momentos de trabalho intenso com outros de descanso. Ninguém consegue trabalhar 18 horas por dia, 6 dias por semana, durante muito tempo.

Estabelecendo prioridades

Há uma frase em inglês que expressa bem o que penso sobre prioridade: *get the thing done* ("tenha a coisa feita"). Quando a empresa precisa atingir determinadas metas e entregar sua produção para seus clientes, sua prioridade sempre será o sucesso de suas entregas, será a execução do processo. O restante ficará em segundo plano. Estabelecer prioridade implica discutir quais são as tarefas mais importantes que precisam ser realizadas para o sucesso da companhia.

Muitos empreendedores abrem várias frentes de trabalho, no entanto acabam se perdendo diante da complexidade estrutural criada por eles. Nesse momento, essas estruturas precisam ser quebradas, porque não se consegue resolver tudo ao mesmo tempo: é o produto que pode ser melhorado com as ideias que vão surgindo e sendo implementadas, é o projeto de financiamento a fundo perdido que deve ser encaminhado à uma instituição de fomento, é aquele prêmio que pode ser ganho e trará visibilidade ao empreendimento ou a viagem à feira na Alemanha que apresenta as maiores novidades do setor.

Enfim, uma dispersão enorme. Abrem-se várias frentes quando o empreendedor necessita apagar determinado "incêndio" na empresa. Muitas vezes, uma das frentes em aberto levará a empresa ao sucesso e as demais nem tanto. Quando esta frente for identificada, as outras precisam ser abandonadas. Isso está relacionado à sobrevivência de seu negócio. No entanto, algumas dessas frentes, as mais urgentes, devem ser priorizadas. No dia a dia, o empreendedor não pode ficar discutindo projetos de longo prazo, porque ele precisa pagar suas contas. Prioridade, neste momento inicial, é tudo o que permite que o empreendimento continue de pé, mas que tem relação direta com o foco do negócio. Alguns empreendedores querem ficar no plano estratégico, tentando melhorar mais e mais sua ideia ou oferta, e esquecem que o que determina o sucesso do empreendimento, a partir de determinado momento, é a execução. Em determinado ponto do desenvolvimento do projeto é necessário "abaixar a cabeça" e trabalhar, deixando as discussões "etéreas" para reuniões informais em bares ou cafés fora do horário de trabalho.

As prioridades estão diretamente relacionadas às atividades que potencialmente podem levar a empresa ao sucesso. Por exemplo, entre fazer uma reunião para discutir estrutura organizacional ou uma visita a um cliente para tentar fechar um negócio, o empreendedor deve optar pela segunda opção.

Fazer escolhas é uma das tarefas mais importantes inerentes ao trabalho do empreendedor. Para organizar essas escolhas é fundamental desenvolver um planejamento. Quanto mais formal e detalhado ele for, melhor. É o que veremos a seguir.

Capítulo 3
O planejamento do negócio

Mark Zuckerberg, criador do Facebook, percebeu que as pessoas desejavam se relacionar de uma forma mais simples e direta, usando a internet. Ele visualizou um problema a ser resolvido. A solução foi criar um canal específico, via internet, para conectar as pessoas, facilitando e tornando divertida a comunicação entre elas. Sua ideia consistia em conseguir ampliar geometricamente a quantidade de usuários de seu canal e compreender como estes se comportam, observando seus hábitos de consumo, para então utilizar essas valiosas informações explorando-as comercialmente. Este empreendimento poderia ter sido criado a partir de um plano de negócios bem simplificado. Não acredito que Zuckerberg tenha desenhado um detalhado plano no papel para então iniciar o Facebook. Aparentemente, as coisas foram acontecendo. Da mesma forma, não creio que empresas como essa surgem todos os dias.

O trabalho de registrar em papel um plano de negócios que será lido posteriormente por outras pessoas propicia grande benefício ao seu autor. Muito antes de ser um instrumento fundamental para que o empreendedor possa dividi-lo com o futuro sócio, explicá-lo a interlocutores ou convencer potenciais investidores, o plano escrito irá fazer com que o autor entenda melhor seu próprio negócio, perceba as falhas e possa corrigi-las ainda no processo de elaboração. Escrever o plano de negócios "afina" o projeto de um empreendimento, pois o processo de escrever uma ideia com intuito de que esta se torne compreensível exige necessariamente a lapidação do projeto.

Todo plano de negócios deve ser estudado com muita cautela. O profissional, o investidor ou a empresa que não desempenha esta atividade com a devida atenção não pode ser considerado sério(a). Seja em um empreendimento nascente ou em um já existente, o plano de negócios, na maior parte das vezes, será lido por um investidor. No caso do empreendimento nascente, será um investidor que tem a intenção de entrar no negócio; já em um empreendimento existente, o investidor pode ser um novo acionista ou um acionista que já está no negócio e quer avaliar um novo projeto da empresa.

Por outro lado, o bom avaliador de um plano de negócios é a pessoa que consegue ir além e enxergar pontos que não estão escritos. Ele vai a fundo em seu trabalho e, às vezes, retira subprodutos deste material. Trata-se de um indivíduo que trava um diálogo estruturado e de bom nível intelectual com o autor do projeto. Ambos podem conversar de forma muito produtiva. Penso que esta situação colabore muito para a construção da empatia entre investidor e investido.

No entanto, hoje, a qualidade de grande parte dos planos de negócios é muito ruim. Não adianta querer criar uma "receita de bolo" para desenhar um bom plano. Muita gente coloca suas ideias sobre modelos de planos prontos com intuito de apenas obter dinheiro, e não o de realmente detalhar seu empreendimento. Material de qualidade demanda tempo de seu autor e levantamento de dados com a realização de pesquisas. Um plano bem elaborado pode levar em conta regras de construção e modelos preexistentes, mas o conteúdo deve partir do zero.

Não há uma forma ideal de se construir um plano, porém, alguns pontos precisam estar presentes. Números e dados de mercado são fundamentais, pois todo plano de negócios deve ser colocado dentro de um contexto real que mostre, por exemplo, qual o tamanho de mercado que se quer atingir, qual o impacto da nova tecnologia que está sendo proposta em termos de números de potenciais clientes ou usuários e como esse mercado irá crescer nos próximos anos. Nem sempre é fácil de se obter esses dados, mas ao menos algumas estimativas devem ser apresentadas. No caso de uma ideia inovadora, a pesquisa e o levantamento dos dados de mercado podem ficar comprometidos. Como falar sobre um projeto inédito? Certos aspectos não são compatíveis com determinados planos de negócios. Porém, para quem vai investir, informações relevantes sobre o mercado-alvo são sempre importantes.

Muita gente se equivoca por acreditar que seja possível desenvolver um plano de longo prazo, antecipando, por exemplo, os próximos dez anos. O planejamento que vá além dos dois ou três primeiros anos de um empreendimento é sempre um exercício de futurologia. Nenhum plano deve extrapolar o período de 36 meses. Na condição de investidor, prefiro encontrar um plano de negócios honesto, que tenha espaço para ser criticado. Prefiro discutir o potencial de mercado do empreendimento de forma geral, e então mergulhar nas projeções para os próximos dois ou três anos. Espero também ouvir de seu autor um contraponto pertinente à minha crítica às projeções.

O autor de um plano de negócios precisa exercitar sua capacidade de planejamento e provar, para quem vai ter contato com o material, que se trata de um projeto consistente. Ele precisa, antes de mais nada, ler e gostar do que escreveu, estar seguro e realizado com o que produziu, sem deixar aberturas para dúvidas. É obrigatório que ele tenha paixão por seu plano. Quando sentir que tem um plano que lhe satisfaça plenamente, estará pronto para apresentá-lo. Ressalto que a figura do interlocutor, aquele que recebe o plano de negócios, acaba testando algumas capacidades do empreendedor, como por exemplo, a de expressar claramente suas ideias.

É importante registrar que planos não são feitos para serem seguidos à risca. Em empresas em funcionamento, sua função é antever situações para organizar a equipe, prever investimentos e antecipar objetivos e resultados. O intuito é alinhar todos aqueles que trabalham na instituição e direcionar o caminho que eles devem seguir.

Caso ocorra uma situação imprevista, o que foi planejado precisa ser revisto e reescrito à luz dos novos fatos. Os planos de negócios devem estar presentes em todas as etapas das companhias, pois é o meio mais adequado de se comunicar com toda a equipe e a melhor forma para o empreendedor compartilhar o seu sonho. Não acredito que, hoje, um negócio consiga prosperar sem planejamento.

Com o passar do tempo, as tarefas mais difíceis tornam-se mais simples de serem concretizadas desde que planejadas em detalhes, por exemplo o lançamento de novos produtos, a abertura de novas fábricas ou escritórios no exterior. E mesmo após acumular muita experiência profissional, o empreendedor nunca deverá esquivar-se de planejar suas ações com boa antecedência para compartilhar com quem for necessário.

Tão importante quanto ter o plano é procurar segui-lo, reavaliando constantemente sua eficácia e promovendo ajustes quando necessário.

Negócios não são construídos por apenas uma pessoa

Muitos empreendedores têm um plano de negócios na cabeça, mas não o colocam no papel. Eu mesmo sempre tive dificuldade para escrever minhas diretrizes por considerar essa tarefa enfadonha. "Minha cabeça está sempre focada em meu projeto, não posso perder tempo", seria o pensamento de um empreendedor. No entanto, ele só consegue andar sozinho até certo ponto. Entre seus pares estão os sócios, os colaboradores, os investidores, os financiadores. Ele vai ter que dividir seu sonho com essas pessoas. O projeto do empreendedor não sai do chão caso não consiga vendê-lo para outros indivíduos.

A experiência que passei quando cursei o IMD ao lado de outros líderes empresariais enfatizou minha constatação de que a maioria dos empreendedores não costuma compartilhar seus projetos em um plano. Se você tem um plano, mas ninguém o conhece a fundo, haverá muita dificuldade para que ele se transforme em realidade. Minha experiência pessoal é muito intensa neste sentido. Sempre lidei com a estratégia de minha empresa para construir o seu futuro. Sempre me irritava ao trabalhar para criar a visão de futuro da minha companhia, pois nem tudo andava na velocidade e do jeito que eu queria. No entanto, o problema estava comigo, porque não expunha minhas ideias para a equipe. Se tivesse desde o início da Bematech percebido como é importante estruturar melhor minha visão do negócio e compartilhá-la com o público interno, teria feito tudo de forma mais simples e mais efetiva. Teria atingido os objetivos que tracei com maior facilidade. Compartilhar ideias tem grande importância para os colaboradores da empresa, que podem ser considerados seu primeiro e talvez mais importante público.

Principais fundamentos

Todo plano de negócios deve conter inicialmente um resumo do projeto do empreendimento. Esse texto é útil para vender o plano, pois revela sua importância, quais são seus objetivos e os benefícios gerados por ele. Quem não consegue fazer isso terá problemas. Esta folha que explica o plano, ou comumente chamada de sumário executivo, antes de mais nada, precisa convencer o próprio autor.

Outra parte fundamental, que muitas vezes é esquecida, engloba as premissas utilizadas para defender a tese do negócio e suas projeções. As premissas dizem respeito ao valor do dólar utilizado, ao tamanho do mercado e como ele cresce, à inflação, à taxa de juros, entre outros indicadores. Algumas pessoas gostam de elaborar registros poéticos em seus planos. Porém, a realidade do mundo dos negócios caminha na mão contrária. Todo planejamento tem que ser simples, objetivo, conciso e consistente. Ele deve falar por si, ser autoexplicativo. Normalmente ninguém estará ao lado do plano no instante em que este for lido e as pessoas gostam de entender imediatamente o que estão lendo.

Planos de negócios devem também exibir informações consistentes, como pesquisas de mercado. Os dados podem conter números de empresas que abrem e fecham por ano, informações demográficas, potenciais usuários etc. Outro ponto que precisa ser necessariamente abordado é o fluxo de caixa. O empreendedor precisa apontar quanto irá gastar, as estimativas dos primeiros resultados e aonde pretende chegar. O fluxo mostra como será a demanda por capital e os rendimentos de cada negócio ao longo do tempo. No entanto, ele não é uma entidade que anda sozinha, é um anexo de todo o plano de negócios. O fluxo de caixa traz luz para a compreensão final de todo o empreendimento, pois mostra de forma clara os números. Afinal, as pessoas investem em negócios com o intuito de ganhar dinheiro. Os números precisam provar que o empreendimento é capaz de gerar resultados positivos.

Enfim, o empreendedor tem que revelar qual é o problema em que seu negócio está inserido, qual a dificuldade que sua ideia propõe resolver, e também apontar a solução proposta pelo seu projeto. Resumindo: se há um problema, o empreendedor deve exibir uma solução e como o negócio proposto por ele se comporta sob a perspectiva de gerar valor.

Em reuniões na Bematech, eu costumava pedir aos profissionais que iam fazer uma apresentação de projeto, que a iniciassem a partir da imagem do último slide, a conclusão, porque ele contém as informações mais relevantes; logo, deveria estar na frente de todos os outros e ser a capa do plano de negócios. Quem consegue desenvolver bem esta página do projeto, já tem 50% de sucesso garantido.

Definir, avaliar e assinar contratos não são tarefas agradáveis, mas necessárias para determinar combinações e acordos feitos; no mundo empresarial é comum tropeçar em armadilhas e oportunidades. Não é difícil encontrar empresas que acabam fugindo de seu conceito original. Nestas situações, revisitar o plano original é sempre importante. Esta ação pode originar um novo plano de negócios diante de uma oportunidade de desenvolvimento da empresa.

Gosto de encontrar empreendedores que apresentem plano de negócios com números de receitas bem conservadores, que detalhem algumas possibilidades não inclusas nas projeções, como subprodutos que poderão advir da nova tecnologia ou do novo produto, e que poderão ser explorados no futuro ou outros mercados adjacentes a serem trabalhados mais para frente. Enfim, outras possibilidades de crescimento do negócio a partir de sua proposta original. Isso não precisa ser detalhado, mas apenas comentado para que se tenha uma perspectiva mais ampla do negócio no futuro. Admiro também posturas realistas de despesas, pois elas fortalecem o projeto do empreendedor.

Problemas, soluções, complexidade e simplicidade: planejando e organizando o negócio com base em referências

Todo empreendedor deve vasculhar a bibliografia disponível que esteja relacionada ao seu negócio. Muitas vezes os interlocutores, sejam eles clientes ou investidores, também estão consumindo estas informações. Vale lembrar que a concorrência pode estar consultando as mesmas fontes.

Tratando-se de ferramentas de gestão, algumas informações são modismos, outras, pilares. Há ainda desdobramentos destes. Penso que os empreendedores devem tomar cuidado para não se afogar diante da quantidade de informação disponibilizada. Existem ótimos conceitos e métodos, porém é importante ter o discernimento do que é realmente relevante em cada momento.

No caso da Bematech, adotamos um planejamento muito singelo quando começamos nossas atividades. Era o que precisávamos naquele momento. Neste sentido, é um exagero pensar em ISO 9001 e nas melhores técnicas empresariais dentro de uma incubadora. Ninguém deve passar um tempo exagerado lendo, por exemplo, obras de autores como

Peter Drucker, Philip Kotler, Michael Porter ou ainda assistindo entrevistas de Bill Gates. Uma pessoa que se debruça tanto em leituras não consegue trabalhar, ou seja, não consegue fazer o seu projeto decolar. O empreendedor tem que utilizar a leitura de livros, revistas e jornais e até a ajuda de um *coach* para solucionar questões pertinentes ao momento que está vivendo. Tudo que li e estudei, apliquei na prática de acordo com minhas necessidades. O empreendedor não deve antecipar situações que não esteja vivendo em determinado momento. Empreendimento simples precisa de soluções simples. Empreendimento complexo necessita de soluções mais elaboradas.

Imagine um empreendedor que tenha algumas dúvidas para prosseguir com seu negócio. Caso um consultor seja chamado para auxiliá-lo, talvez lhe diga que a empresa precisa desenvolver alguns pontos como a criação de organograma, definição de papéis dos profissionais, adoção de planejamento estratégico, um plano de cargos e salários etc. E se esta empresa tiver apenas 2 sócios e 3 estagiários? Simples: o empreendedor terá perdido seu tempo. Uma empresa deste porte não deve nunca procurar um consultor deste tipo. O empreendedor deve perceber o momento certo de cada ação. No início de uma empresa, ninguém precisa ficar pensando em detalhados organogramas, antecipando um futuro que talvez demore um pouco para chegar. Os grandes valores do empreendedor neste começo de jornada são a visão e a energia para a construção da oferta do negócio. Aí deve estar o foco total quando se inicia uma empresa. Ter um plano de onde e como se quer chegar é fundamental, mas estruturar a empresa de início antecipando complexidades não ajuda.

Os sócios e o plano de negócios

É fundamental que todos os sócios de uma empresa participem da definição de seu planejamento. A troca de ideias e de informações pode ser determinante para a criação de um plano de negócios bem estruturado, que antecipe perguntas e prepare respostas. Esse processo é muito rápido quando envolve mais de uma pessoa. A diversidade de vivências, de referências e de contatos dos sócios enriquece o trabalho, o importante é que estejam alinhados intelectualmente

Essa dinâmica funciona para qualquer planejamento, seja o do empreendimento como um todo ou algo mais imediato como, por exemplo, um plano envolvendo a cadeia de suprimentos e seus fornecedores.

No caso da Bematech, foi excelente travar diálogos internos para a criação do plano, pois precisávamos ter um material de qualidade para apresentar a potenciais investidores. Eu e Wolney discutíamos a todo momento caminhos, alternativas, escolhas e, desde o começo, procuramos nos preparar munindo-nos de boas referências. O trabalho foi feito a quatro mãos; tudo o que um escrevia, o outro lia e fazia sugestões e vice-versa. Na época, o que apresentamos para os investidores foi fruto desta preparação inicial. Entre outras informações, mostramos cálculos e projeções de fluxo de caixa. Era um material simples, mas consistente.

É fundamental ter um plano pensado, bem elaborado e no papel, e que obviamente fica bem melhor a partir de discussões antecipadas entre os sócios.

Postura e comportamento

Sempre apresentei meus planos de negócios sem me preocupar, digamos, com a parte cênica deste processo. Hoje, mais amadurecido, percebo que alguns fatores, como entonação de voz e postura, fazem muita diferença no instante em que o empreendedor expõe suas ideias. Algumas pessoas conseguem desenvolver isso naturalmente, outras não.

A preparação de exposições envolve desde a escolha de frases corretas até o próprio estilo do empreendedor. Ter estilo não significa estar sempre bem arrumado, com um traje da moda e a barba feita. Às vezes, um indivíduo precisa parecer desleixado, mostrar que está apenas preocupado com seu projeto e mais nada, visando causar boa impressão aos interlocutores. Pego emprestado novamente o caso do Facebook, citando uma passagem do filme *A rede social* no qual o personagem principal aparece de roupão para participar de uma reunião. Ele fez isso de propósito, pois havia uma mensagem subliminar nesta postura. Neste exemplo extremo, Mark queria mostrar desinteresse com o intuito de deixar os investidores ansiosos. O mundo dos negócios é bastante previsível. Diante desta realidade, é fácil para o empreendedor antecipar situações para responder com precisão questões levantadas por seu interlocutor.

Penso que todo empreendedor deva tomar cuidado com sua comunicação. Isso implica preocupar-se com o que, como e quando vai falar ou parar de falar, como estará vestido, onde irá sentar e a entonação de voz que será usada. Tudo isso é sutil, mas importante.

Não gosto de preparações perfeitas, nas quais as pessoas parecem estar atuando. É importante preparar-se para se apresentar com naturalidade, mas não "parecer" que está atuando. Quanto melhor preparado mais natural será a apresentação, por mais que tenha havido uma série de cuidados e muito treino quando dessa preparação.

Infelizmente, muitos empreendedores não investem em pontos elementares quando vão apresentar seu projeto. Um deles é a pontualidade. Se a reunião ocorrerá em uma cidade na qual o trânsito costuma ser complicado, as pessoas devem se dirigir com mais antecedência para o compromisso. Isso parece óbvio, mas atrasos não são tão raros aqui no Brasil. E o atraso vem sempre acompanhado de uma desculpa esfarrapada.

Outro item que atrapalha é a arrogância gerada pelo excesso de segurança. O empreendedor, muitas vezes, tem dificuldade de ouvir seu interlocutor. Alguns não se esforçam para entender o que está sendo dito pela outra parte.

Mais um ponto fundamental é o tempo disponibilizado pelo interlocutor para a reunião. Ele pode ter apenas meia hora para a reunião. Em um caso como este, o empreendedor precisa ser objetivo, não pode ficar quinze minutos falando sobre futebol. No início de toda reunião, ele deve perguntar qual seu tempo de duração. Dessa forma, pode organizar suas ideias de acordo com o tempo disponível. Esse protocolo sempre funciona em uma reunião. A maior atenção que se tem de ter aqui é o cuidado de ajustar o timing entre os 2 participantes do diálogo para saber a hora exata de puxar determinado tema, de esclarecer algum ponto crítico, de encadear determinada ideia.

A participação dos colaboradores no plano de negócios

Não consigo desenvolver um planejamento sem mostrar minha produção ao menos para outra pessoa. Gosto de dividir. Ter a possibilidade de conversar com alguém, antes de "entrar em campo" para jogar de verdade, é muito importante. Isso não quer dizer que o empreendedor precisa aceitar todas as críticas. No entanto, outras pessoas podem encontrar problemas no plano de negócios que não foram identificados por seu autor. Os mais óbvios e comuns são os erros de escrita. É horrível apresentar um material com problemas de concordância em verbos ou acentuação. Já vi também textos mal traduzidos. Neste caso, o empreendedor precisa encaminhar o texto para uma pessoa que domine o idioma em uso. É muito arriscado produzir um material e encaminhá-lo diretamente à pessoa que irá avaliá-lo. Eu nunca faria isso.

Ao dividir o plano de negócios com outras pessoas de seu time, o empreendedor consegue gerar engajamento de todos. Desta forma, quando verifica que as ideias fazem sentido para esse outro grupo de pessoas, passa a ter certeza de que está no caminho certo. Por isso, defendo que planos de negócios, ainda inacabados, precisam envolver outros profissionais da empresa.

Cabe ressaltar que o envolvimento de outras pessoas para definir o planejamento não pode ocorrer logo no primeiro momento, quando a empresa está iniciando suas atividades, porque é o empreendedor o responsável pela visão do negócio. Esta visão, que tem muito a ver com o indivíduo, pode ser lapidada com o tempo. Mesmo que o empreendimento envolva 2 ou mais sócios, a visão sempre parte de um. Um grupo de pessoas só pode desenvolver, neste caso, algo que foi idealizado inicialmente por uma pessoa. Indivíduos dando palpites em momentos errados podem atrapalhar o raciocínio do empreendedor.

Para dividir o plano de negócios com outras pessoas, o empreendedor precisa abrir mão do ego. O projeto é de todos que colaborarem para seu incremento. Publicamente, a autoria de projeto precisa ser dividida e as ideias cedidas por outras pessoas têm de ser valorizadas. Toda contribuição é valiosa. Uma delas pode fazer grande diferença para o plano de negócios. Muitos empresários têm grande dificuldade para valorizar outras ideias e elogiar funcionários, esquecem que as pessoas necessitam de reconhecimento, e que elas defenderão o projeto caso sintam-se coautoras dele. Esta á a forma mais fácil de engajar a equipe para uma boa execução do plano.

Geralmente, os empreendedores lidam muito mal com as críticas que recebem em relação ao seu plano. Outros costumam incorporar tudo o que ouvem em seu planejamento com intuito de conseguir apoio de investidores. No entanto, ao agir desta forma, seu projeto não terá consistência. A postura correta é a de ter abertura para ouvir as propostas e críticas, pois algumas podem incrementar um planejamento. Lembrando que uma sugestão só deve ser incorporada ao plano de negócios após o empreendedor analisar minuciosamente sua viabilidade.

Planejamento para novas unidades de negócios

O plano de negócios que envolve a criação de uma nova unidade de negócios costuma ser mais detalhado. Quando uma empresa está dando certo, as ideias caem de todos os cantos, todo mundo quer dar um palpite. Nesses momentos, o empreendedor deve ser muito criterioso para não fazer bobagem. Nesta fase, as pessoas costumam ser displicentes em relação ao planejamento. Muitos recursos podem ser desperdiçados nesses momentos. São intermináveis os exemplos de produtos, divisões e novas áreas de negócios que empresas de sucesso criaram e que acabaram não dando em nada, a não ser em uma enorme perda de dinheiro.

A dinâmica do planejamento

Na outra extremidade da falta de planejamento está o excesso dele. Este é um meio e não um fim em si. Muitas companhias criam áreas específicas com intuito de desenvolver planos de negócios. Só que nem sempre os resultados obtidos são satisfatórios. Nesses casos, o que mais costuma acontecer são reuniões improdutivas. Uma boa reunião de planejamento precisa ter horário para começar e terminar, e seus participantes devem saber porque estão lá. Além disso, a escolha de um ambiente agradável para fazê-la é muito importante, pois o trabalho pode tornar-se mais leve.

A reunião deve sempre orbitar ao redor de uma pauta e de uma dinâmica predefinida que precisa ser seguida, sempre apontando um objetivo. Se o plano envolve metas para os próximos dois anos, um quadro tem de ser preenchido com estas informações até o final da reunião.

Empreendedores nunca devem delegar planos estratégicos de seu negócio, ou seja, metas e objetivos precisam ser traçados por eles. No entanto, podem fazê-lo em relação ao plano tático, que mostra como é possível executar determinadas tarefas. Eles têm de definir aonde pretendem chegar. Os interlocutores podem provar com números que é possível ou não chegar ao objetivo definido. Podem ainda elaborar um plano tático que conduza a empresa a atingir os resultados desejados pelo empreendedor.

> **O que vi, vivi e aprendi sobre planejamento**
>
> Plano de negócios funciona. Não é à toa que a Bematech é líder em seu mercado no país. O futuro não é obra do acaso, resulta de uma série de ações planejadas ou não, organizadas ou não. Por isso, acredito que seja muita irresponsabilidade delegar à outra pessoa a definição do futuro de um negócio. Planejar é escrever o futuro. O empreendedor que desempenha bem esta tarefa tem grande chance de dar certo.
>
> No plano de negócios, o empreendedor precisa evitar 2 erros: superestimar receitas e subestimar riscos, despesas e custos. Normalmente acreditamos que tudo vai andar rapidamente, esquecemos dos problemas que podem (e vão) acontecer. No meu caso, o equívoco foi errar pelo excesso de ferramentas no planejamento da Bematech. Havia muitos planejadores e visionários. Nós não levávamos em conta a execução de nossos planos. Criávamos projetos e planos e os divulgávamos para nossos parceiros, revendedores e clientes. O fato é que, por não considerarmos as dificuldades inerentes à execução destes projetos, demorávamos para entregar o que dizíamos que iríamos entregar para eles. É fundamental que todo empreendedor saiba dosar planejamento com execução e que tenha uma visão crítica sobre seu negócio.

Planejamento pronto, discutido e compartilhado, é hora de colocá-lo em prática. O empreendimento decola quando o produto ou serviço, ou seja, a oferta, passa a ser produzida e entregue ao mercado, ao cliente. A correta execução ou produção do que será entregue é a chave do negócio. Falhas nesse quesito irão minar de forma irrecuperável o sucesso que está sendo perseguido.

Capítulo 4
O produto: da prancheta ao cliente

Quando um produto é fabricado ou montado, as empresas precisam investir tempo e capital em etapas que envolvem protótipos, cabeças de série, lotes pilotos e produção em escala normal. Esse processo é mais comum de ser verificado para o caso de produtos fabricados, mas os conceitos aqui abordados também se aplicam à oferta de serviços e softwares.

A prototipagem testa aspectos técnicos do produto para verificar seu funcionamento. Nesta fase, a empresa realiza uma série de testes. Por mais que muitas companhias utilizem o software Computer-Aided Design (CAD), programa para desenhar um produto de forma virtual, acredito que ninguém consiga ter uma exata noção do resultado sem sua produção física. Porém, é possível produzir imagens virtuais para desenvolver trabalhos iniciais de marketing, como a criação de folders. Muitos acreditam que a produção de protótipos envolve a viabilização de uma única unidade, isso não é verdade, pois todo protótipo, como já citei, precisa passar por vários testes. E a chance de um teste ser bem-sucedido nas primeiras tentativas é mínima. Assim, a fase de prototipagem demanda vários protótipos. Esta etapa às vezes revela que um determinado produto apresenta difícil manufatura ou escalabilidade.

Nesta fase, empresas, principalmente no estágio inicial, normalmente não pensam em criar produtos que apresentem facilidades em sua montagem. A Bematech passou por alguns problemas sérios de qualidade, advindos de falhas na fabricação pelo fato de o projeto do produto em questão não conter sua montagem. Muitas vezes havia a necessidade de se fazer ajustes depois de o produto estar montado. Esse tipo de problema acarreta custos enormes à empresa.

O passo seguinte envolve a produção de cabeças de série, que serão os primeiros produtos fabricados em condições quase normais de produção. No caso dos protótipos, a fabricação e a montagem das peças seguem dinâmica artesanal. Esta fase, a do cabeça de série, é a mais importante pois é onde a produção fabril do produto se inicia.

A fase seguinte, produção piloto, é a primeira "fornada" antes de a empresa comprar todos os insumos em larga escala. Dependendo do produto que fabrica, a empresa produzirá dezenas, centenas ou milhares de unidades. A produção piloto testa a linha de produção e os encarregados na companhia observam com atenção a eficiência na montagem do produto, se as ferramentas para desempenhar esta tarefa são adequadas, entre outros processos. O produto em si, durante este período, não é mais prioridade. O foco agora é no ajuste das etapas produtivas para ganho de escala. Quando um produto chega à produção piloto, não deve mais retornar à fase de projeto.

Entre cada etapa, as companhias realizam testes para descobrir possíveis falhas nos produtos, detectam os problemas e realizam as devidas correções. Esses processos demandam tempo e dinheiro das empresas, que muitas vezes precisam coadunar essas ações com a pressão de investidores. E finalmente, após passar por estas fases, as instituições investem na produção em larga escala.

Não conheço outro caminho para se alcançar sucesso ao fabricar um produto. Grandes empresas operam desta forma, muitas delas utilizam outras denominações para demarcar cada período de produção. A Toyota sempre foi referência de benchmark de excelência na sua linha de produção. Um produto inovador da Siemens ou da GE que realiza raios X para detectar tumores no cérebro deve demandar um tempo longo de testes. Já uma empresa que vai lançar um produto bem menos complexo pode levar um período menor fazendo testes.

Para lançar um produto antes da concorrência, muitas empresas apressam-se e encurtam o tempo de desenvolvimento de seu projeto, a consequência é o surgimento de falhas durante o desenvolvimento de protótipo e de cabeças de série.

Deve-se ter em mente que quanto maior for a qualidade do projeto, menor será o tempo entre o início da prototipagem e a venda.

Se as etapas não são cumpridas de forma adequada, inevitavelmente, o produto irá a campo com problemas. Nenhuma empresa quer enfrentar frequentemente o Código de Defesa do Consumidor. Companhias que desejam se perpetuar no mercado não podem passar por esses problemas. Cito um caso relativamente recente que ocorreu no Brasil envolvendo o automóvel CrossFox, da Volkswagen. Um defeito no banco de trás no veículo machucava com gravidade o dedo da pessoa que o movimentasse. Informações divulgadas na mídia revelaram que as pessoas corriam o risco de ter o dedo decepado! A companhia teve que desembolsar muito dinheiro para realizar o recall. Este exemplo mostra quais consequências uma falha de projeto pode gerar.

Corrigir problemas quando os produtos já estão no mercado acarreta grandes prejuízos. Além dos custos de logística e troca de peças, há gastos indiretos com o atraso de novos projetos para a correção de antigos problemas. Imagine retirar um produto de mercado e recolocá-lo no setor de engenharia da empresa para correção de um problema de projeto. Eles provavelmente estarão desenvolvendo novos esboços e odiarão ter que refazer um trabalho.

O início da produção e dos conflitos

No ambiente empresarial, é muito comum existirem conflitos entre a equipe de produção e a de vendas. A primeira só deseja fabricar o que já foi vendido. E a segunda quer ter os produtos em estoque para então vendê-los.

Conflitos também ocorrem entre departamentos de engenharia e a produção, porque, como já citei, engenheiros de desenvolvimento odeiam ter de retrabalhar um projeto original para corrigir problemas. Eles gostam de fazer projetos novos, trabalhar na confecção de protótipos, entregar cabeças de série para manufatura e nunca mais ouvir falar do que foi realizado. No entanto, normalmente, não é isso o que acontece. Estes profissionais costumam afirmar que o pessoal da produção é que deve resolver os problemas. E os profissionais de produção, por sua vez, afirmam que as correções devem ficar a cargo do pessoal de projeto.

Mesmo grandes empresas acabam lançando produtos com problemas que não são detectados pelos consumidores. Nem sempre é preciso alertar o público, pois na maioria das vezes em que isso acontece esses problemas não provocam danos ou não impedem a utilização do produto. Em muitos casos, o caminho passa por comunicar revendedores que entram em contato com as empresas de assistência técnica. Estas fazem os reparos devidos quando o produto em questão estiver em manutenção preventiva. Ou seja, não é necessário fazer recall o tempo todo. Se não há grandes consequências, por que fazer grande alarde?

Empresas de software também trabalham com processos semelhantes aos que acabo de citar. A diferença fica por conta de sua aplicação, que pode ser comercial, científica ou militar. Isso ocorre porque os softwares estão cada vez mais complexos. Aqueles que antigamente ocupavam 1 kbyte, hoje ocupam 1 gigabyte ou terabytes de memória. Centenas e até milhares de profissionais podem se envolver na codificação de um novo produto. A bateria de testes de um software pode ser tão complexa quanto o desenvolvimento do próprio produto. Muitas companhias apresentam ainda certa precariedade em seu processo de desenvolvimento de softwares, e o resultado disso é a reclamação de clientes.

Prototipagem em serviços

Os processos de prototipagem, criação de cabeça de série e produção de piloto também devem ser aplicados em atividades ligadas ao setor de serviço. No caso de um *call center*, o projeto começa com o script de atendimento, levando em consideração que quem liga para um número 0800 pretende fazer uma compra ou tirar uma dúvida. O primeiro passo é compilar tudo o que possa estar envolvido em uma conversa telefônica. E é fundamental que a empresa divulgue a existência deste canal de comunicação.

No script de atendimento, precisam constar todas as respostas para as perguntas dos clientes. Ele pode ser robotizado ou humano, e com atendentes instruídos a demonstrar alegria ao falar com os clientes para lhes transmitir uma sensação de amparo. E caso uma interpelação não esteja no script do atendente, a empresa tem de definir para quem ela deve ser enviada. Os conteúdos das respostas devem ser verificados quanto à sua eficácia e os atendentes precisam ser muito bem treinados. Deve haver todo um processo de engenharia por trás desses procedimentos.

Neste exemplo do *call center*, vale realizar uma prototipagem e, em seguida, um cabeça de série, colocando um atendente treinado corretamente para receber ligações de pessoas que vão simular perguntas. Depois que tudo for testado, a companhia pode liberar o script e o 0800 para que os atendimentos passem a ser reais.

Muitas empresas não se dedicam ao aperfeiçoamento da área de serviços. Apenas os produtos fabricados costumam ser incontavelmente testados porque há muito dinheiro investido para projetá-los – aliás, os recursos necessários para se planejar um produto são comumente maiores se comparados com os montantes destinados para viabilizar o lançamento de um negócio do setor de serviços. Mas o empreendedor da área de serviços também não pode queimar etapas antes de colocar determinada oferta em campo, é preciso seguir um processo.

Alguns produtos da Bematech passaram por problemas. No entanto, a companhia sempre teve uma forte preocupação em rapidamente reagir para atender as demandas de seus clientes. Essa pronta reação chamou a atenção de vários deles, que acabaram sendo fidelizados por nós. Como todas as empresas entregam produtos com problemas, o que diferencia um fornecedor dos outros é sua capacidade de reagir bem perante determinada situação crítica.

Quando o problema detectado é importante, o fornecedor precisa tratar com um diretor ou com o próprio presidente da empresa cliente. Este tipo de contato pode ser útil para transformar uma falha em uma relação de confiança de longo prazo. Não importa a dimensão do problema, o fornecedor precisa reconhecê-lo e apresentar um plano de ação aos seus clientes para solucioná-lo rapidamente.

O empreendedor que deseja chegar ao sucesso não pode se contentar com o bom, porque ele nunca é o suficiente. O resultado precisa sempre ser ótimo ou excelente – sem esquecer que o perfeito é inimigo do ótimo. Penso que os empreendedores devem parar próximo do ótimo. Muitas vezes, um produto chega ao mercado com problemas porque justamente foi classificado como bom.

A Toyota resolveu alguns problemas rapidamente ainda dentro da própria fábrica. A empresa tinha grandes botões vermelhos em sua linha de produção que poderiam ser acionados por seus operadores de fábrica quando os mesmos detectassem um problema. O botão fazia parar a produção e soar um alarme. Em seguida, eram contatados os engenheiros e diretores da companhia para trabalhar na solução da questão encontrada. Mas, claro, uma empresa precisa ter excelência em seus processos para lidar com uma ferramenta como essa. Neste caso, a companhia dá autonomia ao operador de manufatura para cessar a produção. Quando soube deste processo de produção da Toyota, o introduzi na Bematech adaptando os conceitos à nossa realidade. Assim, nossos operadores de fábrica passaram a também ter autonomia para parar a produção e convocar o setor de engenharia para entender e resolver os problemas de produção.

Detectado o problema, passávamos para o passo seguinte: solucioná-lo. Em muitos casos, o empreendedor tem sorte, pois a questão pode estar relacionada a peças de um fornecedor. Sendo assim, boa parte da produção pode estar com peças em perfeito estado de funcionamento. Deste modo, os produtos com defeito devem ser separados dos que estão em ordem e as peças ruins devem retornar ao fornecedor.

A grande dificuldade é solucionar problemas que estão relacionados ao projeto do produto. Uma questão assim pode demorar uma semana ou mais para ser resolvida. Em um momento como esse, o empreendedor deve avaliar o impacto de se retomar o projeto deste produto. Caso as consequências não sejam desastrosas, talvez valha a pena controlar a produção, observar para onde está indo o produto e depois que a questão estiver resolvida, ser proativo e entrar em campo, com uma instrução em mãos para resolver o problema que até então não foi detectado pelos clientes. Ou seja, dessa forma a empresa não para de faturar.

Existem casos mais complicados nos quais os produtos apresentam problemas de funcionamento. Nesses casos, a produção com defeito não pode ir a campo. É uma grande irresponsabilidade continuar faturando diante de um quadro como esse. Empreendedores que agem dessa maneira estão fadados ao fracasso, pois esse tipo de postura configura oportunismo. Além do mais, empresas que atuam dessa forma se dão bem durante um tempo e, em seguida, passam por complicações sérias. O empreendedor de sucesso se mantém correto o tempo todo. Se for necessário cessar o faturamento, isso precisa ser feito, não importando o sofrimento que possa gerar. Dependendo de quem for o cliente, existe a possibilidade de negociar uma antecipação de pagamento, nessas ocasiões, vale a pena ser transparente e explicar o problema. É fundamental saber enfrentar as dificuldades de forma madura, com planejamento e cuidado.

Muitos produtos apresentam mais de uma possibilidade de escoamento, e podem ser vendidos para outras companhias que integram esse produto a uma oferta mais ampla aos clientes. Outra possibilidade: negociá-lo para um revendedor para que ele monte seu estoque e realize vendas ao consumidor. O fabricante pode ainda vender o produto para uma empresa utilizá-lo, por exemplo, em sua linha de produção. Quando o cliente é uma empresa, os problemas normalmente são mais fáceis de serem resolvidos. Basta entrar em contato com ela, comunicar a questão e combinar a estratégia de reposição dos itens defeituosos por produtos em ordem. O empreendedor precisa ter sensibilidade para compreender o outro lado da cadeia, no caso, a reação dos consumidores. Por isso que toda atividade empreendedora não pode abrir mão de valores. Ninguém deve entregar um produto a um cliente sabendo que ele não irá funcionar. Empresas precisam aliar qualidade na prototipagem, no cabeça de série e na produção para minimizar possibilidades de falha.

Companhias que fabricam produtos em larga escala conseguem solucionar mais facilmente os problemas que possam surgir. Isso ocorre porque a qualidade tende a aumentar com a escala. Nada como um grande volume de produção para aproximar a empresa da excelência em qualidade.

Estoques

Todas as empresas que fabricam produtos esbarram neste tema. No entanto, algumas companhias não podem nem pensar em ter estoque. Por exemplo, fabricantes de produtos de informática lidam constantemente com a obsolescência. Ninguém pode ficar com notebooks ou PCs armazenados. Caso surja um novo processador no mercado, esses equipamentos tornam-se desinteressantes, porque os consumidores querem produtos de ponta. Como dizia um amigo meu, "PC é gelo no sol". Diante de um cenário assim, a única chance de o fabricante se livrar de sua produção obsoleta é realizar uma queima de estoque, procedimento que raramente paga os custos.

Empreendedores precisam ter estratégia de vendas, item que faz parte do planejamento, já tratado no capítulo anterior. Por exemplo, o que acontece se uma companhia produz menos do que deveria? Ela perderá oportunidades e poderá ficar desacreditada no mercado por estar oferecendo o que não consegue entregar. Se um produto é muito procurado e a empresa não consegue disponibilizá-lo para entrega, ela acaba gerando uma demanda reprimida. Neste cenário, a concorrência pode aproveitar o espaço não ocupado pela companhia e tomar parte de seu market share. O próprio mercado pode passar a não acreditar mais neste produto e, claro, a empresa deixará de ganhar dinheiro.

O outro lado da moeda envolve a possibilidade de uma empresa ter estoque acima da demanda de seu produto. Se este não é perecível, pelo menos a instituição sabe que vai conseguir negociá-lo mais adiante. No entanto, estoque gera custos, afinal trata-se de dinheiro parado. Uma empresa pode ter dificuldades para pagar salário por ter colocado todos os seus recursos em matéria-prima e em produto. E a companhia precisa vender para pagar suas contas que nunca param de vencer.

Quanto antes o empreendedor fizer uma pesquisa de mercado para buscar compreender qual a demanda correta por seu produto, e produzir apenas o necessário, melhor. Por causa disso é que os japoneses criaram o sistema *just in time*, que consiste justamente em não ter estoque. Claro que alguém no meio da cadeia terá estoque para pronta-entrega para alimentar a cadeia produtiva, como por exemplo, um fornecedor de insumos ou partes. No entanto, fornecedores também podem ter problemas com estoque, afinal também necessitam faturar. Cadeia de produção é algo complexo. Normalmente, empreendedores desconhecem seu funcionamento. Ninguém precisa perder tempo para tentar compreender a cadeia de produção. O ideal é contratar um profissional especializado no assunto. Outro caminho passa por terceirizar o planejamento e a produção. É fundamental que toda empresa quantifique corretamente sua demanda e, em seguida, transmita os números aos seus fornecedores. Porém, esta questão pode ser extremamente complexa. Por exemplo, uma empresa pode ter de efetivar pedidos para fornecedores na Ásia com um ano de antecedência. Imagine o levantamento necessário para visualizar uma realidade de mercado neste período! Essas questões podem não preocupar o empreendedor no início, no entanto, é certo que este tema aparecerá em algum momento. As empresas não podem ficar sem estoque nem com excesso dele. Elas devem ter o estoque ideal para ser consumido em um dia, dois dias, ou em uma semana.

> ### O que vi, vivi e aprendi sobre estes temas
>
> Todo empreendedor tem pressa. Diante desta realidade, muitas vezes, as pessoas cometem erros no instante em que colocam seu produto no mercado porque não conseguem antecipar tudo o que pode acontecer. Vivemos isso na Bematech. Lançamos produtos que não estavam completamente prontos e sofremos bastante. Se pudesse voltar no tempo, tomaria mais cuidado em algumas situações. Aprendi que um empreendedor jamais pode abrir mão do processo que envolve prototipagem, cabeça de série e lote piloto para chegar até a produção. Não existem atalhos.
>
> Nós sempre revisitamos o planejamento. Mesmo sendo atualmente uma empresa madura com mais de vinte anos de existência, sempre verificamos nosso planejamento de vendas e de produção. A Bematech obteve sucesso porque em um determinado momento se organizou e passou a vender produtos realmente prontos para serem utilizados, sem falhas de projeto. A empresa passou a ter planejamento de vendas e de produção que podem ser classificados como ótimos e, em alguns momentos, como excelentes. Isso fez uma grande diferença, porque no instante em que passamos a planejar corretamente e a colocar no mercado um produto pronto, sempre baseado na demanda de vendas, ganhamos muito mais tempo para tocar a empresa.

As empresas frequentemente entram em círculos viciosos justamente por não resolverem seus problemas. Muitas passam vários períodos colocando produtos com problemas no mercado ou lutando contra o excesso de estoque ou falta dele. O resultado disso é que as pessoas gastam muito tempo tentando resolver problemas criados por elas mesmas. Portanto, vale a pena, no início de qualquer negócio, listar e seguir todos os processos citados neste capítulo. Dessa forma, os empreendedores terão mais tempo para pensar em inovação, em seus clientes e no crescimento de seu negócio.

Empresas acomodadas com a má concorrência

Nós chegamos, no passado, a colocar o que posso chamar de protótipos em campo. Não há muito problema em fazer isso quando o produto é inovador, porque ele não tem concorrência. O consumidor deste tipo de mercadoria até admite algumas falhas. Afinal, o produto que está em suas mãos é único no mercado e ele supre suas necessidades. É uma questão de referencial. O fato de uma empresa ser reconhecidamente inovadora atenua os problemas que seus produtos possam apresentar.

Projeto

O ponto de partida de qualquer negócio é sempre uma ideia. Seu projeto está relacionado a algo que melhorará o que já existe ou que resolverá um problema. Bill Gates e Paul Allen simplificaram enormemente o uso dos computadores, que já existiam, Larry Page e Sergey Brin resolveram o problema de buscas na internet, na medida em que o volume de informações disponíveis cresceu absurdamente, Karl Benz trocou o cavalo por um motor na carruagem, criando o automóvel, e Thomas Edison aprimorou o projeto de uma haste de carvão que ao aquecer emitia luz, tornando a lâmpada um produto comercializável.

Da ideia à produção

A ideia pode ser de um produto qualquer, de um software ou mesmo de um serviço, que precisa ser desenhado e, posteriormente, construído. Cada projeto demanda a realização de uma respectiva etapa. Por exemplo, no caso de construção de uma casa, ela pode ter estilo contemporâneo, 3 pavimentos, garagem para 8 carros e churrasqueira. Tudo isso está inserido em uma ideia. Porém, para que ela se torne algo real, é necessário um detalhamento minucioso de instruções. Por exemplo, ninguém consegue dialogar com um mestre de obras sem este material em mãos. Afinal, ele precisa ter conhecimento de informações mais precisas, como quantidades, dimensões e tipos de materiais que serão utilizados.

O empreendedor se defrontará com problemas em cada etapa e terá que elaborar soluções para cada um deles. E no momento em que o trabalho sai do papel e entra na prototipagem, deixa de ser projeto.

Lá na frente, caso o empreendedor não saiba como solucionar os problemas de planejamento de produção, deverá buscar ajuda. Já citei em capítulos anteriores que perdemos muito tempo e dinheiro desempenhando atividades que não conhecemos profundamente. O ideal é contratar profissionais que entendam as demandas específicas da empresa. No entanto, nem sempre o empreendedor tem recursos para isso. Ele tem de fazer o melhor possível dentro do montante que pode ser disponibilizado para desenvolver esta atividade. E isso tem de ser feito rapidamente. Se pudesse voltar no tempo, teria adotado este procedimento na Bematech em várias áreas. Porém, na época, nós insistimos em desempenhar certas atividades que deveriam ficar sob a responsabilidade de outras pessoas. Diante desta postura, considero que nosso processo de aprendizado foi dolorido, mesmo que tenhamos conseguido conhecer minuciosamente como funciona cada setor da nossa companhia. A perda de tempo não justifica isso. Se tivéssemos ido pelo caminho correto, talvez, hoje, a Bematech fosse muito maior. Ninguém precisa perder tempo e dinheiro com questões que fujam do seu domínio. Passamos anos lidando com problemas nas áreas de planejamento, produção e de qualidade, que poderiam ser rapidamente resolvidos. Depois que contratamos as pessoas certas essas questões desapareceram.

Hoje tudo ocorre muito rapidamente no ambiente empresarial. Empreendedores devem se cercar de pessoas competentes e corretas e contratar os melhores profissionais dentro da realidade financeira da companhia. Só assim uma ideia poderá se transformar em um empreendimento de sucesso. Empreendedor tem de aprender desde cedo que é fundamental atrair boas cabeças para ajudá-lo a trabalhar o seu sonho em conjunto.

Armadilhas da inovação

Penso que empresas inovadoras tendem a cair em uma armadilha: a acomodação. As que não encontram concorrência à altura devem ampliar seu foco de atuação. É importante se defrontar com problemas maiores. Por que não criar outro negócio para correr atrás de uma empresa com mais peso no mercado? Companhias precisam ter objetivos a serem superados, metas a serem ultrapassadas.

Empresa que inova e passa a ter sucesso com suas inovações precisa focar suas habilidades de criação nos seus produtos e nos processos associados à entrega destes. Com o sucesso vem a percepção para os empreendedores de que a empresa consegue inovar em tudo, inclusive em todos os seus processos internos como finanças, contratação de pessoal, ambiente de trabalho, entre outros, o que pode criar complicações internas desnecessárias. Isso se faz mais presente quando são os empreendedores que estão na linha de frente tocando todos – ou quase todos – os processos na companhia. No entanto, volto a afirmar: empreendedores precisam se afastar das atividades que não dominam. As empresas precisam ter excelência em seus processos. O sucesso adquirido com inovação normalmente oculta as ineficiências de processos.

Outsourcing[1]

Há muitos mitos sobre este tema. No meio empresarial, surgem sempre modismos de gestão. Houve uma fase em que se defendia a terceirização de tudo, resguardava-se apenas o *core* [2] das companhias e o restante deveria ser terceirizado. A Bematech não deixou de entrar um pouco nesta filosofia. No entanto, por sermos técnicos, acabamos fazendo uma avaliação mais crítica. Apanhamos um pouco até ajustarmos o que de fato deveria ser feito na empresa e o que deveria ser repassado para fornecedores.

Na grande maioria das vezes, na Bematech, defendemos o seguinte: o que não é núcleo essencial do negócio deve ser terceirizado. Muitas vezes, fabricar um produto a partir da estaca zero não agrega valor à companhia, que deve se concentrar em aspectos ligados à inovação, marketing, cultura empreendedora e agressividade de mercado.

Sempre há a possibilidade de um dos sócios gostar de se envolver com o processo fabril. Diante dessa possibilidade, uma empresa pode continuar investindo em sua linha de produção, investindo um tempo enorme nessa área, caso isso não seja crítico para o sucesso do negócio.

Normalmente quando se analisa a possibilidade de *outsourcing*, ou terceirização, a discussão gira em torno das questões como custo (pode aumentar), proteção do conhecimento (alguém pode copiar a ideia ou o processo) e competência (qualidade).

Por mais que uma companhia não ganhe diretamente em custos, ela pode obter outra vantagem por concentrar suas ações em áreas-chaves,

---

[1] *Outsourcing* é a tarefa de buscar fora da empresa o desenvolvimento de atividades que normalmente eram realizadas dentro dela.

[2] *Core* significa o negócio principal da empresa, as atividades que a diferenciam no mercado.

como criação, inovação, marketing ou inteligência de mercado. No entanto, a pergunta que precisa ser respondida é a seguinte: até que ponto esta área não faz parte do *core business*, não é um diferencial competitivo?

Grandes empresas de hardware como Apple e IBM não possuem mais fábrica. Há muito tempo muitas companhias deste porte sabem que não conseguirão nenhum diferencial adicional produzindo internamente.

Muitos seguem este exemplo. Porém, algumas empresas que têm em mãos o processo fabril conseguem garantir vantagens competitivas. Vivemos esta realidade na Bematech. Por isso é fundamental que o empreendedor entenda até que ponto algo pode ser dispensável. No nosso caso, concluímos que o fato de ter fábrica em casa significava alta flexibilidade, algo que um fornecedor não poderia nos proporcionar.

O empreendedor que está começando seu negócio tem mais facilidade para decidir o que deve ser terceirizado, pois ele ainda não possui processos internos em funcionamento. E, geralmente, quem inicia uma atividade empreendedora lida com escassez de recursos e acaba terceirizando as atividades que não consegue fazer dentro da empresa. O *outsourcing* pode incluir a produção de uma peça ou um serviço de logística. Por exemplo, no caso de uma pizzaria, o *core business* dela é a própria pizza e não seu serviço de entrega. Até que ponto vale a pena contratar motoqueiros para desempenhar este serviço? Não será melhor fechar um acordo com uma empresa de entregas? A moto e o motoqueiro não fazem parte do *core* deste negócio.

Outro ponto que deve ser observado: o empreendedor precisa ter muito cuidado ao terceirizar áreas que não domina. No entanto, é fundamental que os empreendedores possuam ferramentas para controlar a produção e entrega dos terceirizados.

Tivemos ótimas experiências na Bematech, terceirizando produção e montagens de partes do processo e de produtos, mas fizemos isso após conhecer muito bem cada etapa. E quando optamos pela terceirização, passamos a controlar nossos fornecedores.

É fundamental também que empreendedores nunca fiquem na mão de seus terceirizados. Se a produção deles não for satisfatória, o empreendedor pode treinar outra empresa para desempenhar essa tarefa. Afinal, a inteligência não é passível de ser terceirizada. Fazendo uma analogia, podemos e devemos terceirizar braços e não cérebros.

Toda terceirização mal gerida gera custos adicionais à companhia. Ao aceitar passivamente a produção de uma empresa terceirizada, depois de um ano ou dois, os empreendedores podem perceber que estão gastando mais dinheiro do que se estivessem produzindo internamente e que a qualidade do produto não é tão boa. Ou seja, vão notar que os processos seriam mais bem-sucedidos internamente. Por isso, devem tomar cuidado com o "mito da terceirização", que defende a ideia de que vale a pena terceirizar qualquer coisa. Todo processo de terceirização exige planejamento, discussões internas, análises e, após sua implementação, controle da produção externa por parte da empresa.

A Bematech atua com produção própria e terceirizada, muitos itens são fabricados na China. No entanto, o controle e a inteligência não saem da alçada da companhia. Chegamos ao nível de excelência em nosso processo fabril, por termos conseguido equilibrar o que é feito dentro e fora de casa. Nossa produção interna é justificada e a externa, controlada. Terceirização exige controle constante.

Capítulo 5
Fluxo de caixa

Há uma citação que ouvimos de nosso conselheiro e ex-presidente da IBM, Mario Bethlem, e que foi adotada por nós na Bematech: "Faturamento é ego, lucro é ilusão, o que interessa é o caixa". Isso vale para todas as empresas ou negócios. Um empreendimento pode apresentar faturamento, contabilizar lucro, mas estar quebrado se não tiver caixa para cumprir suas obrigações.

Faturamento corresponde às vendas dos produtos e serviços. No entanto, no momento em que a empresa vender o produto, pode se deparar com 2 problemas: não receber o pagamento e/ou vender abaixo do custo. As pessoas gostam de falar que tem um belo faturamento. Mas como está a saúde desta companhia? A empresa chegou a receber tudo o que faturou? Ela faturou 1 milhão tendo um custo maior? Por isso ele se torna o ego. Na contabilidade, faturamento é a primeira linha contábil.

O faturamento é muito importante, pois, em tese, representa o potencial de entrada de dinheiro no caixa. Se uma empresa é bem administrada, gera lucro, o faturamento passa a ser o foco do negócio e precisa ser transformado em caixa.

No caso do primeiro problema, de não receber pela venda, a companhia pode ter realizado uma operação ruim. Neste caso, ela vende para um cliente que não paga. Assim, além de não receber, deve arcar com os custos de produção e impostos. A empresa precisa receber, o ciclo de venda só termina quando o dinheiro está em caixa.

O segundo problema que pode ocorrer para uma empresa é ela vender, receber, mas não controlar seus custos corretamente. Por exemplo, um produto que tem custo de fabricação de 10 ser vendido por 8. Ou seja, o negócio gera prejuízo.

A simples informação "faturamento" nem sempre mostra a saúde financeira da companhia. A empresa está, de fato, recebendo dinheiro? Há lucro com as vendas? O que determina o lucro é uma série de aspectos que nem sempre está relacionada com o caixa. Por exemplo, antes de chegar ao lucro de uma companhia, há aspectos pertinentes, como a depreciação, amortização, entre outros que não afetam momentaneamente o caixa. Por isso, o lucro não é o único parâmetro claro da saúde de um negócio, ele dá uma indicação.

O lucro pode estar maquiado. Por exemplo, o caso da Enron, nos Estados Unidos. A empresa apresentava lucratividade, seus balanços, auditados pela Arthur Andersen, eram maquiados. E como eles faziam isso? A Enron fechava um mega projeto na Índia ou na Rússia, assinava determinado contrato de 1 bilhão de dólares e automaticamente contabilizava este valor sem ter começado a entregar o projeto. O valor de 1 bilhão de dólares entrava como receita, tendo como base o contrato. Vários desses contratos com contabilização antecipada foram fraudados. Não havia nenhuma garantia de que os serviços seriam entregues e pagos. Isso gerou contabilmente um lucro, mas não havia entrada de dinheiro. A empresa quebrou por uma questão de caixa.

Uma companhia pode exibir um lucro enorme e, ao mesmo tempo, apresentar uma falha contábil, deixando de fazer lançamentos de custos e despesas. Ou seja, o lucro apresentado não é o real, porque a companhia de fato ganhou dinheiro, mas deixou de contabilizar corretamente as saídas de caixa.

No final do dia, o caixa é o dinheiro que a empresa tem disponível em sua conta-corrente, o qual será utilizado para o pagamento de impostos, insumos, salários, aluguel etc. Os empreendedores devem observar o faturamento e o lucro, no entanto, precisam prestar muita atenção ao caixa. Ele pode matar o negócio ou jogar uma empresa para cima.

Os empreendedores precisam ter muito cuidado com o responsável pela administração do caixa da empresa. Devem contratar pessoas de confiança para assumir esta tarefa – no caso de pequenos negócios de família, geralmente o cargo é ocupado por um parente. Este profissional é uma pessoa-chave, pois o bom gestor financeiro ajuda o empreendedor a administrar bem o seu negócio. Uma gestão financeira indevida pode causar estragos em empresas de todos os portes, estejam elas começando ou não. Economizar demais na área de finanças de sua empresa é um erro porque essa área precisa estar sempre em boa forma. Uma equipe financeira eficiente é um ótimo indicativo da saúde do empreendimento.

Cada vez mais as companhias são valorizadas devido ao seu fluxo de caixa. Hoje, compram-se ou vendem-se empresas, seja na bolsa de valores ou em uma venda privada, levando em conta a avaliação do fluxo de caixa gerado.

Capitalização de negócios

A abertura de capital de uma empresa brasileira demanda tempo e apresenta várias dificuldades. Todo mundo sonha com isso, mas não é fácil. Empreendedores que estão começando seu negócio querem vê-lo crescer e ganhar dinheiro. Uma possibilidade de capitalizar a empresa é vender uma participação do negócio para um investidor com intuito de fazer caixa, investir e crescer, já que investidores estruturados observam a geração de caixa das empresas. Eles compram uma companhia ou uma participação nela pelo múltiplo do valor de caixa que a empresa gera ao longo de determinado espaço de tempo. Normalmente, a avaliação é feita levando em conta o passado recente e uma projeção futura. Isso pode ser aplicado também em empresas que estão começando, nas quais os empreendedores ainda estejam colocando dinheiro do próprio bolso; porém, considerando não haver passado a ser analisado, neste caso um investidor estruturado vai projetar quanto esta empresa vai gerar de caixa nos próximos dois ou três anos e a proposta de investimento será baseada nesta projeção. Um negócio que está começando pode ser fruto de uma grande ideia. Por exemplo, tecnologias inovadoras ou importadas que ainda não existam no Brasil nem na América Latina, ou ainda um serviço que não está disponível.

Vamos voltar a um tema abordado anteriormente: o planejamento. Comentei antes que o desenvolvimento de um plano de negócios que considere uma projeção acima de dois anos ou três anos é puro exercício de futurologia, principalmente para negócios que estão começando. No entanto, no tema abordado agora, as projeções que precisam ser levadas em conta são as de fluxo de caixa, que derivam de projeções gerais do empreendimento, e que são necessárias para a avaliação do negócio para efeito de investimento externo. Um empreendedor que faça isso e tenha um negócio que gere hoje 10 mil reais por mês pode convencer um investidor a participar dele. Para isso, ele precisa estudar seu mercado e realizar projeções de vendas, custos e despesas, e então projetar o fluxo de caixa. O investidor tem de enxergar que há potencial de mercado para a empresa crescer e fazer um investimento proporcional à capacidade de crescimento e geração de caixa do negócio.

As projeções levam em conta todas as entradas e saídas de dinheiro. Por exemplo, empresas em crescimento têm aumento de receita, precisam contratar mais pessoas e comprar mobiliário, investir em recursos de computação e telefonia, necessitam de um espaço maior e assim o valor do aluguel aumentará. E as companhias não precisam se preocupar se isso tudo é custo, despesa ou investimento, quando fazem projeções de caixa.

O ponto de equilíbrio do caixa ocorre quando a empresa gasta o mesmo valor que recebe. Neste momento o empreendedor não precisa mais injetar recursos em seu negócio. Na etapa seguinte, se houver crescimento, haverá sobra de dinheiro. A projeção precisa mostrar em que momento esse dinheiro começará a sobrar, ou seja, quando as entradas de caixa serão maiores que as saídas, e como essa sobra crescerá. Quanto maior a sobra de caixa e mais a empresa cresce, maior será o valor do empreendimento.

DCF

DCF (*Discounted Cash Flow* ou, traduzindo, fluxo de caixa descontado) é uma sigla muito comum no mundo financeiro, mais ainda quando se compra ou vende uma empresa. Quando um fundo de investimentos compra uma grande cervejaria ou uma fábrica de foguetes na Rússia, sempre haverá uma discussão de DCF. A venda de qualquer empresa no mundo, seja ela do ramo ou porte que for, leva em conta sua projeção de fluxo de caixa. O cálculo considera uma projeção da geração de caixa futura trazida para o presente com um desconto neste valor. Esse desconto envolve análises de inflação, risco-país e leva em conta também a possibilidade das projeções numéricas contidas no cálculo darem errado. O desconto pode ser grande ou pequeno. Se calcularmos 10% ao ano, podemos considerar um desconto baixo, já 30% ao ano é bem alto.

Por exemplo, vamos projetar o fluxo de caixa simplificado de um empreendimento que desenvolveu, produz e comercializa determinado produto cujo preço de venda sem impostos é P. O custo de produção unitário, envolvendo matéria-prima e outros itens como mão de obra é C, representando 60% de P, e as despesas mensais somam D e crescem 10% a cada aumento de 20% nas vendas, a partir do primeiro ano. Assim, no primeiro ano, o fluxo de caixa deste empreendimento será P – (C+D).

Vamos supor que as vendas cresçam 20% ao ano, a partir do primeiro ano.

Digamos que P, o preço de venda unitário, é de mil reais e no primeiro ano serão vendidos à vista cerca de 100 produtos por mês. As despesas gerais neste primeiro ano, compostas por salários, aluguel e outros gastos somarão 40 mil reais ao mês.

Assim, no primeiro ano teremos 1,2 milhão de reais de entrada de caixa a partir das vendas, o custo, que é composto basicamente por insumos e outros custos diretos de produção como salários, terá sido de 720 mil reais e a despesa total terá sido de 480 mil reais. Ou seja, neste primeiro ano, a geração de caixa do empreendimento será zero, pois as entradas de caixa foram consumidas pelo custo e pela despesa geral.

No segundo ano, com o crescimento em vendas de 20%, teremos uma entrada total de 1,44 milhão de reais, o custo para produzir tudo isso terá sido de 864 mil reais (60% de 1,44 milhões de reais) e a despesa total, que cresce 10% em função do crescimento nas vendas de 20%, será de 528 mil reais. Ao final deste segundo ano, o empreendimento terá gerado 48 mil reais de caixa. Nos anos subsequentes as vendas continuam crescendo 20% ao ano e as despesas 10% ao ano.

Ano 1	Ano 2	Ano 3	Ano 4	Ano 5	
1.200.000,00	1.440.000,00	1.728.000,00	2.074.000,00	2.489.000,00	vendas +
720.000,00	864.000,00	1.037.000,00	1.244.000,00	1.493.000,00	custo -
480.000,00	528.000,00	581.000,00	639.000,00	703.000,00	despesas -
0,00	48.000,00	110.000,00	191.000,00	293.000,00	caixa gerado

*Valores em reais.

Para calcularmos o valor do negócio conforme essa projeção, devemos trazer para o valor presente o caixa gerado a cada ano projetado, considerando um desconto por ano.

Vamos levar em conta que a soma percentual dos riscos da economia, do risco de falhas na execução do plano e de um ganho mínimo esperado de uma aplicação financeira chegue a 20%. Essa será nossa taxa de desconto ao ano.

O valor do negócio, analisado desta forma em 5 anos, seria de 307 mil reais. Como esperamos que o negócio dure e não seja encerrado após o quinto ano, devemos adicionar a este valor um valor adicional calculado a partir de uma taxa de perpetuidade, considerando que o empreendimento irá se manter após os cinco anos projetados, da mesma forma que se comportou no quinto ano. Com a perpetuidade, o valor do negócio sobe para aproximadamente 1 milhão de reais.

Devemos considerar que neste exemplo não colocamos nenhum investimento inicial, como compra de máquinas e equipamentos. Aqui também não incluímos dívidas assumidas ou a existência de um recurso inicial no caixa da empresa, projetamos apenas o negócio em regime de operação.

Além do DCF, outras 2 formas são usadas para avaliar os negócios. Tais formas geralmente aplicam-se a negócios que já têm um certo porte e um passado a ser avaliado.

A primeira delas é o múltiplo do caixa gerado por ano pela empresa. No exemplo anterior, se pegarmos o quarto ano como o momento atual da companhia (geração de caixa no ano de 190 mil reais) podemos afirmar que uma avaliação justa ficaria entre 4 e 7 vezes maior que o caixa gerado naquele ano, ou, um valor de 760 mil reais a 1330 reais, dependendo do setor em que ela atua, o nível de competição, a existência de patentes e outros fatores mercadológicos.

A segunda possibilidade está relacionada ao valor de empresas comparáveis. Por exemplo, uma determinada empresa que atua no mesmo setor e que possui semelhanças à companhia em estudo, aqui pode ter sido vendida (ou avaliada por um investidor que realizou o investimento) em 1,5 milhão de reais. Esta é uma referência importante a ser utilizada. Normalmente um investidor ou comprador avalia um negócio que está em regime, ou seja, operando já há algum tempo, utilizando todas as 3 possibilidades que detalhamos aqui: DCF (fluxo de caixa projetado trazido ao valor presente descontado), múltiplo do total da geração de caixa da companhia no último ano avaliado e o valor de empresas comparáveis, verificando transações recentes.

O fluxo de caixa é hoje o instrumento mais importante de controle, de gestão, de mensuração de sucesso ou fracasso de uma empresa. Todo empreendedor que esteja começando seu negócio precisa se apoiar sobre uma forte gestão financeira. Isso vale tanto para jovens como para pessoas mais experientes, como por exemplo Bill Gates, que começou sua trajetória aos 17 anos, ou Ray Kroc, que iniciou sua companhia aos 53 anos. Fluxo de caixa é um assunto tão importante que deveria ser ensinado nas escolas. Quando esposas e maridos cometem excessos e provocam furos no caixa de seu lar, demonstram desconhecer este tema.

Já comentei que o Sebrae teve grande importância quando montei o meu negócio. A instituição também foi uma das apoiadoras da incubadora que nos auxiliou. Na época, tivemos oportunidade de conversar com técnicos do Sebrae sobre gestão de empresas. Lembro que, de tudo que aprendemos, o que fez a diferença foi o tema "fluxo de caixa". Para atrair os sócios investidores para injetar recursos na Bematech, nós tivemos que aprender a fazer projeção de fluxo de caixa. Foi dessa forma que definimos que precisávamos de cerca de 150 mil dólares para fazer o negócio decolar. Fizemos essa projeção de forma singela, levamos em consideração a quantidade de produtos que seriam vendidos, o dinheiro que entraria em caixa, o salário das pessoas que iríamos contratar, o custo dos insumos e de aluguel, os impostos etc. Percebemos que teríamos um furo de 150 mil dólares nos próximos meses. Este era o valor necessário para sustentar o negócio no curto prazo.

Investidores costumam aportar recursos em empresas de internet, que aparentemente são incipientes e não geram sobra de dinheiro, se contarmos com a perspectiva em longo prazo de um fluxo de caixa positivo. Essa presunção de fluxo de caixa positivo no futuro normalmente vem do número de usuários que a empresa em questão está angariando e do potencial de geração de dinheiro com propaganda voltada para esse público, ou ainda com o uso e venda das informações dos usuários.

O fluxo de caixa é a parte mais importante do plano de negócios. É fundamental que as pessoas tenham noção deste assunto.

Todo empreendedor que esteja começando seu negócio precisa se debruçar sobre esse tema. Vale a pena procurar um consultor do Sebrae, um professor ou qualquer pessoa que seja conhecedora do assunto. Basta um dia, ou ao menos uma tarde, fazendo contas, levantando exemplos, para começar a compreender o assunto. Esses procedimentos não devem ser adotados logo de cara, porque os empreendedores precisam fazer uma pesquisa para entender a abrangência do mercado onde vão atuar. O que será vendido? Qual será o preço? Quais são os custos? Quantas pessoas são necessárias para trabalhar na empresa? Estas e outras questões ajudam o empreendedor a compreender a viabilidade de seu negócio, quando este parecer viável, o empreendedor deve passar para a etapa seguinte: a elaboração do fluxo de caixa.

Contabilidade externa

Infelizmente grande parte dos escritórios de contabilidade existentes não está capacitada para desempenhar esta tarefa da forma que ela deveria ser feita. Os pequenos escritórios acabam fazendo a contabilidade das empresas visando apenas o cumprimento da lei, e não a usam como um instrumento fundamental de gestão. Portanto, é importante investir em empresas de contabilidade que trabalhem corretamente. Uma correta contabilidade é essencial para uma boa gestão, empreendedores não podem economizar recursos para esta área. Devem pensar em empresas e profissionais que consigam levá-los a outros patamares e atendê-los no futuro, caso a companhia se desenvolva. A assessoria contábil pode ser contratada logo no início de um negócio, no instante de seu registro na junta comercial. Este registro deve ocorrer quando o empreendedor tiver uma sinalização forte de que seu negócio vai começar a andar. Ou seja, no momento em que começar a ter despesa e receita. Ninguém deve registrar uma empresa só para ter um nome e um CNPJ. A constituição de uma companhia doa a ela um arcabouço legal, essencial para a sustentação de seu desenvolvimento. Normalmente, o pagamento inicial é negociado entre ambas as partes, baseando-se no pequeno movimento da empresa. A remuneração à assessoria contábil deve aumentar de acordo com o movimento da instituição, ou seja, a entrada e a saída de dinheiro. Tudo deve ser previamente negociado.

Quem está começando seu negócio deve simplificar sua vida contábil. Não aconselho ninguém, por exemplo, a ter 2 CNPJs ou fazer grandes planejamentos contábeis, algo mais condizente com a realidade de grandes empresas. Isto é, menos, nesse caso, é mais. O americano adota uma prática que eu utilizo bastante: a KISS (*Keep It Simple, Stupid!*, que significa "Mantenha isso simples, estúpido!"). Tive muito sucesso no que fiz também porque sempre procurei o caminho da simplicidade para desempenhar minhas atividades. Tudo o que é complexo é mais caro e sujeito a erros.

Empreendedores que desejam ter um grande negócio no futuro precisam contabilizar tudo desde o início de sua atividade. As pessoas não devem ter caixa dois ou utilizar qualquer outro artifício que as leve a perder o controle de seu negócio. Uma contabilidade "torta" afasta investidores. Empreendedores que optarem por seguir pelo caminho da informalidade podem encontrar custos altos no futuro para regularizar a sua empresa. Apesar de todas as dificuldades que o empreendedor enfrenta no Brasil, muitas delas relacionadas à burocracia, pequenos negócios tendem a ser favorecidos no país. Há instrumentos legais como o Simples e o Supersimples para as empresas pagarem menos impostos e manterem uma burocracia menor. Quem trabalha corretamente enxerga os números certos de seu negócio. Na medida em que o empreendimento cresce e começa a gerar caixa, mais crítico se torna ter a contabilidade em dia, principalmente para a correta gestão financeira da empresa.

> **O que vi, vivi e aprendi sobre gestão do caixa**
>
> Uma administração firme dos recursos é fundamental para uma empresa manter suas contas em ordem. As companhias precisam adotar gestão de fluxo de caixa, caso contrário colocam em risco o seu negócio. Muitos empresários que não dão a devida atenção ao seu fluxo de caixa acabam contraindo empréstimos junto a bancos e têm que pagar juros altos para quitá-los. Às vezes um bom negócio pode se perder por má gestão. Na Bematech, começamos nosso negócio dando atenção ao fluxo de caixa. Esse é o principal instrumento de gestão financeira que todo empreendedor deve conhecer.

Todo negócio visa o lucro, a geração e a sobra de dinheiro. Como lidar com essa sobra ou mesmo com a falta de dinheiro? O empreendedor, ao longo do desenvolvimento do seu negócio, acaba passando por essas duas situações.

Capítulo 6
Dinheiro não aceita desaforo

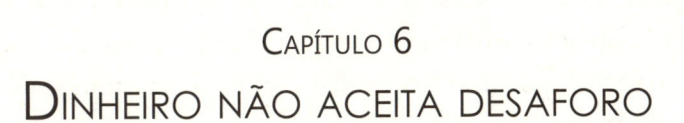

O controle de fluxo de caixa define a quantidade de dinheiro na conta corrente do empreendedor. A escassez de recursos não é necessariamente algo ruim, pois pode demonstrar que o negócio cresceu além da projeção. O empreendedor esbarra então em um bom problema – buscar recursos para sustentar o crescimento inesperado. Duro é se deparar com o cenário inverso – projetar vendas e fluxo de caixa, efetivar contratações de profissionais e o resultado ser inferior ao esperado. Despesa é uma certeza, venda, não.

Quando as vendas se mostram maiores do que o esperado, o empreendedor tem de tomar uma decisão: deixar de atender alguns clientes para crescer de forma mais comedida ou fazer investimentos para dar suporte à sua demanda. Geralmente, a tendência é investir para atender aos pedidos adicionais. Portanto, é importante que o empreendedor esteja certo de que sua demanda está de fato crescendo e de forma consistente.

Para suprir uma possível falta de caixa, o empreendedor pode utilizar recursos próprios, vender um bem ou recorrer a um empréstimo bancário (algo não recomendado devido às altas taxas de juros cobradas pelas instituições – com exceção às linhas do BNDES e da Finep) ou buscar um investidor. Ter o auxílio financeiro do sócio também pode ser a solução para preencher uma lacuna de recursos que pode alavancar um negócio.

Passamos por esse processo assim que as coisas começaram a ir bem no início da Bematech. Ao fecharmos nosso primeiro contrato de fornecimento para a HP, não tínhamos recursos financeiros para bancar a produção, que não era pequena. Por intermédio de um de nossos sócios, Virgílio Moreira, recorremos na ocasião a um empréstimo no antigo Banco Nacional. Este empréstimo, porém, era lastreado em nosso contrato com a HP. Sabíamos quanto era a taxa de juros, o prazo de pagamento e como iríamos liquidar a dívida assim que recebêssemos o dinheiro do contrato de fornecimento de impressoras.

A administração do caixa da empresa pode ser uma ferramenta para gerar recursos. Por exemplo, uma companhia que tem a possibilidade de conseguir prazos de pagamentos maiores com fornecedores pode realizar uma negociação franca com alguns dos principais, expondo que a empresa está recebendo pedidos maiores e propor pagá-los quando receber recursos.

No caso de clientes, a empresa pode solicitar a antecipação de pagamentos. Outro caminho é optar por redução de despesas. Profissionais que não são fundamentais em determinado momento podem ser demitidos e um contrato de aluguel, renegociado – outra possibilidade é a mudança de endereço para algum de menor custo mensal. A gestão de caixa é a melhor forma de se alavancar um negócio que demanda injeção de dinheiro, e o empreendedor deve tentar encontrar saídas dentro de seu negócio.

> **O que vi, vivi e aprendi sobre esse tema**
>
> Geralmente, as grandes bobagens são feitas quando existe muito dinheiro em caixa. Por isso muitas empresas grandes distribuem seu lucro, pois é a forma para garantir o zelo dos recursos da companhia. Muitas delas, com seu caixa curto, são muito bem administradas. Nesse caso, precisam vender mais.
>
> Pode parecer paradoxal o que estou falando, afinal, não é bom ter sobra de dinheiro para garantir salários e uma administração mais tranquila da empresa? Sim, mas o ser humano infelizmente tem a tendência de se acomodar. Nós precisamos de certa dose de adrenalina para fazer as coisas acontecerem. É no perigo e com o instinto de sobrevivência que nos superamos. Quem não tem o que perder, não arrisca muito.

Mistura entre a pessoa jurídica e a pessoa física

Dinheiro que não é colocado em atividades produtivas tende a ser gasto. E muitos empreendedores acabam direcionando sobras do caixa para gastos pessoais. Trocam de carro, compram terreno em condomínios para construir uma casa, estendem as férias. Ou seja, finanças pessoais se misturam com as da empresa, algo que nunca deve ocorrer. Mesmo que uma companhia pertença a uma única pessoa, ela deve separar as contas. No caso de uma sociedade, um sócio que deseje trocar de carro, por exemplo, pode fazê-lo com os recursos oriundos da divisão dos lucros. Misturar o que é da empresa com o que é dos sócios são indicativos de má gestão, o que afasta investidores.

Empreendedores que utilizam o caixa da empresa para bancar gastos pessoais não educam seus filhos corretamente em relação à realidade da companhia. No futuro, cientes que muitos de seus gastos pessoais foram pagos pelo caixa da empresa, os herdeiros não vão querer se dedicar a uma atividade produtiva no empreendimento. Separar as finanças da empresa com as da vida pessoal é benéfico por vários motivos como, por exemplo, não criar vícios na família, não perpetuar práticas ruins e manter as contas da companhia em ordem para facilitar o acesso a investidores.

Há casos de empreendedores que mantêm amigos ou parentes trabalhando na companhia mesmo que eles não estejam correspondendo às expectativas. Não têm coragem de desligá-los, mesmo que de forma planejada e com cuidado, o que é péssimo para o negócio.

Só há uma forma consistente de aumentar a geração de caixa da companhia, que é vendendo mais. Todo bom empreendedor é também, por definição, um bom vendedor.

Capítulo 7
Vendas = oferta + comunicação x imagem

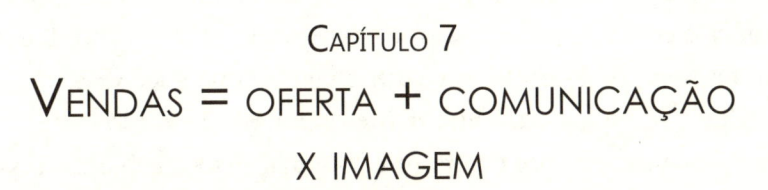

Venda interna e externa

Nunca dei muita atenção ao quesito marketing pessoal. Porém, no início de toda companhia, as pessoas tendem a enxergá-la através da figura do empreendedor. Por isso, é fundamental ter cuidado com a postura. Um empresário versátil, simpático e moderno empresta esta imagem à sua empresa. Até hoje isso acontece na Bematech. A empresa não tem mais dono, possui capital pulverizado na bolsa de valores. Eu não sou mais presidente executivo, apenas membro do conselho. No entanto, ainda é comum as pessoas associarem a Bematech comigo. Isso não é necessariamente ruim, durante certo tempo é até algo benéfico, porque se o empreendedor atua de forma positiva, as pessoas vão enxergar a companhia dessa forma.

O empreendedor, cada vez mais, é chamado a se posicionar em público, ou seja, vender. Quando alguém compra um produto, de certa forma está adquirindo também a marca ou a empresa que o fabrica, por isso a postura do empreendedor é sempre avaliada pelos clientes. Assim, é importante que o empreendedor desenvolva habilidades pessoais que o auxiliem a vender e também mantenha uma postura que não crie conflitos ideológicos com seus clientes e colaboradores. Algumas dicas:

– Tente não transparecer suas opções pessoais referentes a política, futebol, religião e outros assuntos polêmicos. Uma observação mais mordaz sobre algum desses tópicos pode fazê-lo perder um bom consumidor;

– Por mais descolado que você seja, não apareça em uma reunião de negócios com roupas e acessórios extravagantes. Seus interlocutores devem ter foco total no que você diz, e não no que você veste.

Muita gente não acredita, mas eu sempre fui tímido. Minha mulher costumava dizer que eu era um pouco antissocial. No processo de construção da Bematech, me acostumei a falar em público, a "vender meu peixe", mas pessoalmente sou retraído. Já participei de palestras com centenas de pessoas me ouvindo e, apesar de minha timidez, sempre me dei bem nestes eventos. Quando estava no palco, eu era a Bematech. Estava vendendo uma imagem, uma marca, a empresa, por isso tinha que ser muito atento com o que e como eu falava. Nem sempre podia colocar minha visão pessoal do mundo. Até hoje, quando sou chamado para alguma palestra ou entrevista que envolve a Bematech, preciso tomar cuidado. Estou nesses eventos para representar minha companhia. As ideias que exponho precisam estar em consonância com o que a Bematech acredita.

O empreendedor tem de encontrar uma maneira de se comunicar de forma que ele se sinta à vontade. Quando estou empreendendo sou uma pessoa diferente. A paixão pelo que faço facilita meu contato com o público. Como já falei anteriormente, dar aulas na universidade ajudou bastante a melhorar minha comunicação. O que não falta hoje é instituição de ensino que necessite de pessoas capacitadas. Está aí um caminho para os empreendedores aprimorarem sua capacidade de comunicação. Ao escolher uma disciplina para lecionar, o empreendedor encurta o caminho para se tornar mais preparado para se vender em público. Ninguém pode pensar em improviso quando vai vender um produto ou projeto. A dinâmica de dar aulas tem a ver com isso. E lembre-se de que se você realmente quer ser reconhecido como um bom professor, deve se preparar bem.

Sou técnico, engenheiro, tímido e consegui evoluir minha capacidade de comunicação. Certamente, qualquer indivíduo conseguirá fazer o mesmo. Artistas e pessoas famosas costumam passar por momentos de tensão antes de encontrar seu público. Mas eles encaram as pessoas e seguem em frente, como todos devemos sempre fazer.

Os empreendedores não podem se desviar dessas situações. Se estiverem em um dia ruim, não devem fugir de um compromisso que envolva falar em público. Chamo de "autoarmadilha" o ato de se colocar em situações difíceis para se superar. É assim que as pessoas conseguem desenvolver habilidades. E vale a pena exercitar exposições, mesmo para um grupo reduzido da própria companhia acerca de um projeto, produto ou cliente.

Estando em uma situação em que receberá críticas e perguntas, o empreendedor vai obtendo experiência e se lapidando. Essa preparação é fundamental.

Ninguém consegue convencer outras pessoas caso não esteja convencido, ou seja, uma pessoa não deve nunca apresentar uma ideia se se sente inseguro em relação a ela. Afinal, a inteligência do público não pode ser menosprezada. Quanto mais apaixonado e convencido por uma ideia, mais fácil será a fluência da comunicação do empreendedor. No entanto, a informação tem de ser lapidada de forma didática, possibilitando que os ouvintes possam compreender todos os conceitos apresentados.

Venda está diretamente relacionada à comunicação, e dentro da empresa o líder deve ser um ótimo vendedor de ideias, sempre utilizando uma linguagem adequada para cada tipo de ocasião. Frequentemente eu fazia palestras na Bematech, nos fechamentos de trimestre, ou em outras ocasiões especiais. O pessoal de fábrica sempre gostou de me ouvir. Penso que isso tenha a ver com a minha postura de adequar minha linguagem ao público ao qual estou me comunicando. Por exemplo, se falo com um grupo de intelectuais, preciso tomar cuidado com o que digo. Falo isso, porque um intelectual vai sempre me observar criticamente. Por outro lado, quando converso com pessoas de formação mais restrita não costumo sofisticar minha comunicação. Normalmente, evito usar termos em inglês, algo que costumo fazer com frequência – ressaltando que, se expressar com simplicidade não significa empregar o uso incorreto do português.

A comunicação deve sempre gerar compreensão, daí a necessidade da adequação. Empreendedores precisam atingir os corações e as mentes das pessoas. Eles devem também abolir o uso de termos técnicos. O objetivo é que as pessoas captem o máximo possível das ideias. Sempre que sou chamado para uma palestra, pergunto qual é o perfil do público. Este assunto pode parecer elementar, mas já vi gente falando para adolescentes como se estivessem diante de altos executivos.

Há um dito popular inglês, uma nação de grandes oradores, que é o seguinte: "Quando falar em público, fale em pé para ser visto, fale alto para ser ouvido e fale pouco para ser aplaudido." Ou seja, o orador não deve estender o discurso. Vejo executivos lendo suas falas, muitas vezes sem demonstrar qualquer emoção. A plateia fica desinteressada, vira um discurso sem alma. Algo que pode ser dito em cinco minutos às vezes demora 4 vezes mais. Só vale a pena ser repetitivo quando o intuito é fixar uma mensagem na mente do interlocutor. Nessas ocasiões, o empreendedor pode tentar o caminho do humor ou criar histórias sobre o tema da exposição, que necessariamente precisam ser agradáveis. E como diz o ditado popular: fale pouco. É uma tortura ouvir um discurso maçante, uma palestra alongada. Toda fala tem de ter conteúdo. As informações precisam se adaptar ao estilo de comunicação do empreendedor. Para chamar a atenção do público, ele pode utilizar citações e frases de efeito. Existem frases de autores clássicos que podem ser adaptadas ao tema em discussão e que ajudam muito a fixar a mensagem que se quer transmitir. Outro recurso é contar piadas e histórias curiosas, no entanto, elas precisam estar no script de apresentação, ter conexão com

Vendas = oferta + comunicação x imagem

o tema abordado. Começar com um gracejo sempre melhora a receptividade das pessoas. É o que chamamos de iniciador. Coloca o público no ponto para que a troca de informações tenha mais eficácia, aproxima plateia e palestrante, cria empatia.

Uma conversa interna deve sempre ser contextualizada. O empreendedor precisa falar sobre uma meta e quanto tempo se tem para atingi-la. Ao começar a fazer uma explanação desta maneira, o palestrante começa a ganhar confiança. Quando falava com grupos grandes na Bematech, costumava escolher um profissional da empresa para que ele, publicamente, concordasse, acrescentasse algo e até me questionasse, durante minhas explanações. Esta pessoa pode também corrigir aspectos obscuros do discurso, que gerem dificuldades de entendimento. Ao estar em público, o empreendedor tem a possibilidade de dialogar de uma hora para outra com alguém da plateia, com o qual tenha um bom relacionamento. Ele pode perguntar, por exemplo: "Fulano de tal, você tem alguma dúvida?" Esse procedimento estimula as pessoas que estão em volta. Para verificar a eficácia da comunicação, o empreendedor pode questionar uma pessoa: "Ficou claro? Faltou dizer algo?" É muito bom receber feedback em relação ao tema exposto. E é importante permanecer no local após a exposição para conversar informalmente com as pessoas. Nessas ocasiões, sempre surgem perguntas.

Quando as empresas crescem, os empreendedores costumam perder contato com seus colaboradores, algo que não deve ocorrer em hipótese alguma. O empreendedor precisa ter seguidores, tem de ser admirado. Ele é respeitado quando dá atenção às pessoas. Na Bematech, criamos canais para dialogar com nosso público interno. As pessoas se inscreviam para conversar com o presidente. Avisávamos, por exemplo, o pessoal de fábrica que havia determinada quantidade de vagas disponíveis para quem quisesse conversar comigo. Nessas ocasiões falávamos diretamente, sem interlocutores. No grupo, não havia gerentes nem diretores da empresa. O que era discutido dentro da sala não saía dali. As pessoas podiam perguntar qualquer coisa. O resultado prático dessa ação é que os funcionários costumam sair muito motivados. Sempre resolvi os temas levantados nesses encontros de forma muito sutil, sem comprometer ninguém diretamente.

Enfim, o empreendedor não pode perder o contato com a base e ela não pode perder o contato com o empreendedor.

Vendedores

Se o empreendedor não tiver um desempenho proativo, ninguém se comportará dessa maneira internamente. Sempre brincava que um dia ainda iria pedir para escrever "vendedor" embaixo de meu cartão de presidente da Bematech. Falo isso porque não há melhor vendedor da empresa e de seus produtos do que o próprio empreendedor. Quem tem vergonha, ou medo do cliente e não sabe o que está vendendo, não está no ramo certo.

Os vendedores, mesmo os mais técnicos, devem ser pessoas agradáveis e extrovertidas e precisam conhecer profundamente o que vendem. Já acompanhei pessoalmente vendedores da Bematech e percebi que alguns não dominavam totalmente o produto da companhia. É preferível ter um vendedor não tão agradável, mas que conheça o produto da empresa do que um extrovertido, porém despreparado. A base para uma boa venda é o domínio daquilo que está sendo vendido. Sobre essa base, constrói-se boa postura, didática correta e empatia com o cliente.

O vendedor quando vende deve superar o empreendedor. Ninguém vende melhor a empresa que o empreendedor, mas, no caso do produto em si, o vendedor deve ser melhor que o empreendedor. Contrate pessoas melhores que você, para todas as áreas. Conheça um pouco de vários setores da companhia. Se o empreendedor conseguir desempenhar melhor o papel de um especialista da empresa, ele não é o profissional ideal para ocupar o cargo.

Durante certo tempo comecei a pensar que talvez estivesse exigindo demais de meus vendedores. Indagava: "Será que o nível que estou exigindo é muito alto?" Minha secretária chegou a me dizer que eu estava exagerando. Pensei muito no que ela me falou, mas concluí que é importante ser exigente. Ninguém será mais exigente que o empreendedor, o líder do negócio. Ele é que irá determinar o nível de exigência que se espera dentro da companhia. As pessoas precisam se adequar às metas. Aqueles que não conseguem, devem deixar a vaga para quem se enquadra no perfil.

A área de vendas deve ser muito bem observada pelos empreendedores, ela é a linha de frente da empresa, está em uma relação direta com os clientes. É muito ruim quando um cliente reclama da equipe de vendas de uma companhia. Uma vez eu ouvi: "Marcel, gosto de você, dos valores da Bematech e de seu produto, mas sua equipe de vendas é muito fraca." Depois que a empresa cresce, o empreendedor não consegue atender todos os seus clientes. A equipe de vendas precisa ter a cara da companhia. Recomendo que as empresas sempre prestigiem esta área. Os melhores vendedores que trabalharam na Bematech foram aqueles que conviveram bastante comigo. Eram pessoas sérias, que gostavam dos valores da empresa. Elas dominavam tudo que envolvia o produto que estavam vendendo. Muitos continuam na companhia. Por isso, defendo que todo empreendedor deva direcionar boa parte de seu tempo à sua equipe de vendas. No começo do negócio esse procedimento tem mais importância porque os profissionais chegam à empresa sem vícios. Nesse momento, os vendedores precisam conhecer os produtos da empresa, os valores da companhia e como é realizado o trabalho com os clientes. É fundamental estar com os clientes e com quem está com eles.

Hora da verdade

Venda envolve também os valores da empresa. Cada vez mais o cliente quer saber de quem está comprando e não apenas o que está adquirindo, por isso é tão importante montar adequadamente as equipes de vendas; as melhores são as montadas pelo líder do empreendimento.

Um dia o presidente de uma grande rede varejista que estava crescendo muito me chamou para conversar. Ele deixou claro que estava satisfeito com nosso produto, no entanto, queria saber até que ponto estávamos comprometidos com sua empresa. Queria saber se daríamos conta do recado de suportar o crescimento da sua companhia. Um empreendedor não pode perder chances como essa. É o instante de olhar nos olhos do cliente e falar tudo o que precisa ser dito. É a hora da verdade para o empreendedor. Nesses momentos, pode haver críticas, sugestões e elogios – receber um elogio é bom, mas receber uma crítica é melhor ainda. É comum o empreendedor não enxergar aspectos negativos de seu negócio que são vivenciados por seus clientes. Considero esses contatos a hora da verdade, pois são nesses momentos que surgem as grandes oportunidades de mudar o destino do seu empreendimento para melhor. Por tal motivo, clientes de todos os portes precisam ser visitados com frequência.

Motivação

A equipe de vendas vive de motivação e de reconhecimento. Dinheiro, isto é, a comissão por desempenho e a comemoração devem estar presentes nesta área. Queria que todos, principalmente o pessoal da área técnica, gozasse dos mesmos benefícios dos vendedores. Mas, com o passar do tempo, percebi que estava enganado. Devemos desenvolver sistemas de remuneração e reconhecimento adequados a cada setor da empresa. E o de vendas exige mais atenção.

Há várias formas de se trabalhar a remuneração dos funcionários de vendas visando motivá-los, mas o constante acompanhamento e as pequenas comemorações são fundamentais. Várias vezes peguei minha equipe e fui para uma churrascaria para comemorarmos resultados positivos. Também já fui a restaurantes acompanhado de vendedores da empresa para saber o que estava ocorrendo neste setor da companhia. Queria sentir o clima do departamento, sempre me envolvi bastante nessa área. Talvez tenha chegado à presidência da Bematech por causa disso. Hoje, eu não contrataria um CEO que não tivesse um bom perfil de vendas.

Lições de vendas

O empreendedor que acredita em seu negócio deve encarar os problemas como grandes oportunidades. A história que já relatei sobre a questão com a empresa Cobra Computadores tem tudo a ver com isso. Antes de o problema vir à tona, eu me relacionava com os técnicos e os gerentes da companhia. Em uma ocasião, tivemos problemas mecânicos com a impressora que fornecemos à Cobra para a automação do Banco do Brasil. O problema era tão grande que o presidente da Cobra ligou diretamente para mim. Me preparei para encontrá-lo e lhe expliquei porque os problemas estavam ocorrendo. E ainda mostrei a ele um plano de ação para resolvermos aquela questão. O mais importante de tudo isso: cumpri o plano à risca. Depois desse episódio, comecei a travar contatos diretos com ele, ou seja, passei a fechar negócios diretamente com o presidente da Cobra Computadores. Um grande problema pode se tornar uma grande oportunidade caso o empreendedor tenha respostas firmes e cumpra com sua palavra. Não sugiro que você crie problemas propositadamente para ter acesso ao primeiro escalão dos clientes, mas, se porventura os problemas ocorrerem, não perca a oportunidade de deixar sua marca.

Outra passagem emblemática foi uma reunião que tive com revendedores e parceiros de serviços. Na época, os deixei falar tudo que consideravam equivocado em nossa relação. Após tomar nota de tudo que ouvi, lhes disse o seguinte: "Problemas todo mundo tem, mas ninguém no planeta vai encará-los como a Bematech. Na próxima semana, vocês terão respostas para essas questões." É importante assumir os erros diante dos clientes e resolvê-los. Venda é isso, dar a cara para bater. Eu já ouvi muitas críticas, mas eu analisei tudo o que ouvi e resolvi os problemas. Vendedor tem de ser humilde, precisa entender que o cliente muitas vezes tem razão em reclamar de alguma coisa.

O cliente não deve ser interrompido no instante em que está falando. Muitas vezes ele quer desabafar seus problemas sobre a questão comercial que está sendo travada. Nessas ocasiões, o vendedor precisa ser paciente e esperar o momento certo de se manifestar. Se a pessoa quer fazer críticas, elas não devem ser cerceadas. As soluções devem ser apresentadas ao cliente no timing correto.

O livro *Quem disse que os elefantes não dançam?*, de Louis V. Gerstner Jr., registra o período que ficou conhecido como o renascimento da IBM. Gerstner conta que, ao assumir a direção da companhia, ficou sentado em seu *call center* ouvindo as conversas com os clientes. Ele obrigou o primeiro escalão da empresa a passar horas fazendo a mesma coisa. Justificou o procedimento, afirmando que não poderia fazer nada sem saber o que ocorria de fato na companhia. E nada melhor para mudar isso do que ouvir direta e atentamente o cliente. Vendas é isso, compreender e atender o cliente

Imagem da empresa

A imagem que as companhias querem que os clientes tenham delas deve ser planejada e trabalhada. O empreendedor precisa ter a visão de como seu negócio deverá ser percebido pelos consumidores. A empresa precisa saber o que deseja ser: rápida, séria, agressiva. Isso deve estar presente em todos os setores da companhia.

Deve-se sempre considerar que a primeira venda da imagem da empresa ocorre para seu público interno. Os colaboradores permanecem trabalhando na companhia se eles apreciam a imagem dela. No caso da Bematech, as pessoas sempre gostaram de trabalhar lá – mas isso não aconteceu por acaso, foi conquistado a partir de ações planejadas e de muito exemplo vindo de cima.

> **O que vi, vivi e aprendi sobre esses temas**
>
> Meu recado aqui é objetivo. Existem duas áreas da empresa das quais eu jamais me distanciaria: a de controle e a de vendas. Também trabalhei muito a estratégia da companhia. Se soubesse a importância disso para o sucesso do negócio, desde o início, teria contratado pessoas para tocar as outras áreas mais cedo. Eu e o Wolney passamos muito tempo nos preocupando com temas menos críticos do nosso negócio, demoramos para trazer gente boa de fora para conduzir áreas em que não tínhamos habilidade, e, mais importante, que tinham postura independente.

Capítulo 8
Inovação

Cada vez mais as empresas precisam se diferenciar. Sempre tenho comentado isso nas palestras que participo, principalmente em universidades. Nenhuma companhia consegue ter sucesso durante muito tempo apenas copiando e replicando. O empreendedor pode se basear em conceitos preexistentes, porém precisa introduzir o seu estilo, e assim, fazer a diferença no mercado. Em todo negócio precisa existir pelo menos um conceito inovador.

Pequenas empresas, ainda mais aquelas que estão começando, nunca conseguirão ir muito longe caso não inovem. Diferenciação leva ao avanço – e é possível inovar com poucos recursos. Aliás, a escassez de dinheiro propicia isso. Quando falo em inovação, não me refiro apenas às novas tecnologias, mas também a novas maneiras de se fazer negócios, de administrar uma empresa, de se apresentar aos clientes e ao mercado. A inovação precisa estar presente no dia a dia dos colaboradores das companhias, nas práticas de gestão, em processos e em produtos e serviços. Muitos empreendimentos surgem justamente de algum tipo de inovação.

O homem cria mais quando está passando por problemas. Por exemplo, durante as guerras, geralmente há muitos avanços tecnológicos. O ser humano se supera em situações extremas, porque é obrigado a dar respostas diferentes, diante da situação em que está inserido. E é nas guerras dos negócios, ou na guerra para levantar um empreendimento, que o empreendedor se supera e inova.

Inovação é algo que vai além de um novo produto

No caso da Bematech, no início da atividade da empresa não tínhamos recursos para investir em publicidade. Nessa época, o material publicitário das companhias do setor não tinha vida, os anúncios nas revistas e os catálogos não atraíam ninguém, eram muito técnicos e sem vida. Diante desse quadro, resolvemos direcionar nossos esforços em 3 pontos. O primeiro deles era o investimento em cores, imagens e em um projeto gráfico. O segundo foi reduzir os aspectos técnicos de nossos materiais para o estritamente essencial, optando, por exemplo, por utilizar frases instigantes para chamar a atenção do público-alvo. E, finalmente, o terceiro se tratava de introduzir pessoas em nossas campanhas, algo incomum em nosso segmento, pois as empresas costumavam apenas divulgar fotos de seus produtos, sem o contexto de utilização. Colocamos profissionais do varejo como, por exemplo, um padeiro utilizando nosso produto.

Os personagens das peças publicitárias apareciam felizes e tranquilos. Tentamos criar uma identificação entre os comerciantes e o que produzíamos, e destacar a melhoria de produtividade que ele agregava. Naquele momento, nós trabalhávamos com uma pequena agência de propaganda. Propus essa ideia e ela causou impacto no mercado. Até hoje as pessoas se recordam dessa campanha e até hoje fazemos questão de humanizar nossos anúncios e campanhas publicitárias. Para o segmento onde atuamos, isso foi uma inovação e ajudou muito na construção positiva da imagem da empresa.

Relatei este caso da Bematech para enfatizar que nem sempre inovação demanda ações mirabolantes. Muitas vezes os conceitos já existem e são apenas modificados e adaptados. Algumas companhias "empacotaram" certas ideias que não estavam sendo bem exploradas e conseguiram criar algo novo, a Apple é um exemplo disso. No caso da Bematech, nós aplicamos tecnologias existentes para criar novidades no mercado brasileiro. Na época em que começamos, lojas e estacionamentos, por exemplo, estavam utilizando grandes impressoras com pequenas bobinas de papel nos pontos de venda. O conceito de mecanismo impressor pequeno já existia, mais especificamente em caixas registradoras e em equipamentos de automação bancária. Víamos que não fazia sentido uma grande impressora, feita para imprimir 80 ou mais colunas de caracteres, imprimir 40 colunas ou menos do que isso.

O fornecedor que nós tínhamos para as impressoras de telex possuía mecanismos pequenos para fabricantes de caixas registradoras e nós sabíamos como esses mecanismos funcionavam. Foi nesse momento que decidimos investir na produção de uma impressora pequena. Percebemos que havia uma distorção, uma grande impressora cumprindo uma função que poderia ser realizada por um produto menor e que havia tecnologia disponível para produzir um equipamento em dimensão inferior. O próximo passo foi realizar pesquisas. Concomitantemente, começamos a observar o que estava ocorrendo lá fora e iniciamos uma conversa com a Cobra Computadores. A empresa necessitava de uma impressora menor para ser utilizada em automação bancária. Ou seja, houve uma convergência de fatores: tínhamos a ideia de fabricar um produto para aplicação comercial no ponto de venda e, logo em seguida, surgiu uma demanda por ele no mercado de automação bancária.

No timing correto

Muitas vezes, uma ideia inovadora surge a partir de estudos de problemas, resoluções de questões e de acesso a fornecedores. O timing também é fundamental. Se tivéssemos criado nossa impressora 5 anos antes ou depois, não sei se ela teria sucesso. Além disso, determinadas inovações surgem, mas não dão certo logo de início. No entanto, podem ser posteriormente resgatadas pelos empreendedores e emplacar.

No nosso caso, nós só pensávamos em impressoras, respirávamos isso. Na época, eu estudava tudo sobre o assunto. Ao ir para a França em 1991, pelo Tecpar, vi que por lá havia, maciçamente, dispositivos para imprimir pequenos tickets ou recibos e comprovantes. Quando uma pessoa está totalmente envolvida em um tema, as peças do quebra-cabeça tendem a se encaixar. Nós não imaginávamos que nosso negócio iria explodir (no bom sentido), nem que a Bematech sairia do zero e chegaria aonde chegou. Percebíamos apenas que a mini-impressora era um produto inovador para o Brasil, e com um grande mercado pela frente.

O segredo do timing correto consiste em perceber uma tendência de curto a médio prazo. Deu certo para nós porque alguns fatos ocorreram simultaneamente. Nos primórdios de nosso negócio, lançamos a mini-impressora e fechamos contrato com a HP. Um projeto vitorioso envolve domínio técnico, conhecimento de fornecedores e das tecnologias para conseguir viabilizar um produto e percepção de disponibilidade de componentes. Tínhamos que desenvolver o produto rapidamente. Isso não ocorreria se tivéssemos que produzir o mecanismo de mini-impressoras da etapa zero. Acredito até que nosso negócio não teria crescido rapidamente não fosse a disponibilidade de um mecanismo impressor compacto pronto para uso. Nós víamos que no mundo todo havia uma demanda clara e cada vez maior pela impressão de tickets e recibos. Neste contexto, empresas no Brasil fabricavam PCs e softwares, mas nenhuma uma mini-impressora adequada à automação de bancos e lojas. E esse equipamento se encaixaria perfeitamente ao uso com os PCs.

Esses caminhos só são perceptíveis quando o empreendedor pesquisa o mercado onde vai atuar. Não usamos nenhuma metodologia para observar o segmento que queríamos explorar, fizemos isso informalmente. Tudo estava acontecendo no momento em que estávamos iniciando nossa empresa. Nós começamos a testar nossos protótipos em algumas companhias, como a HP e a IBM e em outras na área de automação comercial em São Paulo. Naquele momento, percebemos que nossa ideia fazia sentido. Não fiquei fechado no laboratório durante meses desenvolvendo nosso produto para, em seguida, sair e verificar se lá fora existia aplicação para ele. Tivemos sorte? Acredito que sim. Mas a sorte, para mim, é o encontro de aptidão com oportunidades. O empreendedor precisa enxergá-las.

A maioria das pessoas costuma pedir um comprovante de pagamento e as empresas também solicitam esse tipo de comprovante de seus funcionários para efetuar reembolso de despesas. Os restaurantes precisam imprimir a conta para que seja conferida antes de ser paga. O supermercado entrega um cupom fiscal detalhando a sua compra.

Nossa mini-impressora gerou benefícios aos usuários que antes utilizavam equipamentos maiores. Uma mini-impressora cabe em qualquer lugar, qualquer balcão de loja, por menor que seja. Outro ponto positivo é a robustez. A mini-impressora foi desenvolvida para atuar exclusivamente em automação bancária e comercial. Os equipamentos anteriores, não. Eram máquinas abertas na parte de cima, onde caía pó e poderiam entrar pequenos objetos. Por causa disso, elas quebravam facilmente. A utilização dessas impressoras em ambientes rústicos, ao longo de todo o dia, para os quais elas não foram projetadas, provocava um desgaste rápido destes equipamentos. Fazendo uma analogia, é como se uma impressora de uso pessoal, que usamos em casa, fosse colocada em um supermercado para imprimir tickets durante o dia todo, em um ambiente sujeito a poeira, líquidos e esbarrões. Assim a conjunção de vantagens, robustez, compactação e adequação ao uso comercial possibilitou que o nosso produto virasse padrão neste mercado.

No momento em que o dinheiro começa a entrar no caixa e as empresas se tornam maiores e mais complexas, elas tendem a reduzir sua capacidade de inovação. Não é a toa que elas incubam projetos e criam laboratórios de inovação fora da pressão do ambiente empresarial. Não é sob pressão, com reuniões a todo momento e o telefone tocando sem parar que uma empresa consegue inovar.

Muitos empreendimentos de tecnologia continuam sustentando a oferta de novos produtos através de aquisições constantes. Dado que o ritmo das mudanças neste setor é dramático, praticamente todas as companhias de sucesso desse tipo têm um departamento específico apenas para tratar da compra de novas empresas, muitas delas nascentes.

Cultura de inovação

Dois dos grandes inimigos da inovação são a aversão ao risco e a acomodação. Eles tendem a aparecer quando a empresa já se estabeleceu em seu mercado e começa a ter algo a perder. No ambiente empresarial, constantemente haverá a possibilidade da predominância da voz do pessimismo. Eu sempre tive muitas ideias e pouca aversão a risco e também sempre me deparei com vozes contrárias, que desejavam manter o *status quo* em detrimento de tentar algo novo.

Mais do que afirmar que são inovadoras, as empresas precisam ser classificadas assim por pessoas que as observam de fora. Durante muito tempo, a Bematech não se considerou uma companhia inovadora. Quem está inovando não está preocupado em ser taxado de inovador ou no que os outros pensam. Não para para pensar se aquilo que está sendo feito é de fato uma inovação ou não.

Inovar envolve mudar aquilo que está estabelecido, sempre em busca de respostas e soluções. Sob a perspectiva empresarial, inovação sem lucro não tem o menor sentido. Bons projetos se perpetuam na medida em que continuam sendo inovadores. As pessoas têm de perceber diferença na proposta de valor de um empreendimento, caso contrário a empresa vira lugar-comum. E aquela que fizer melhor ou diferente ganhará o mercado. Inovação está ligada ao risco e à tentativa e erro. Na medida em que uma companhia coíbe esses impulsos, ceifa sua capacidade de inovar.

Gestão de inovação

Para inovar é fundamental que as pessoas tenham oportunidades, se deparem com desafios e tenham a vontade de fazer algo diferente e melhor. Profissionais inovadores necessitam de liberdade e flexibilidade no horário de trabalho, por exemplo. Eles precisam refletir profundamente sobre o que está acontecendo e, a partir dessa reflexão, criar cenários e ter ideias. Devem trazer essas ideias de outras situações e outros contextos.

A gestão da criatividade está ligada a uma certa falta de gestão. Isso no sentido de que gestão tem a ver com administração e controle e um ambiente criativo e inovador pede um certo descontrole. Essa liberdade propicia o surgimento de ideias, soluções e produtos inovadores. Estes são únicos e podem trazer grandes resultados para o negócio.

Podemos considerar ideias interessantes aquelas que geram conceitos e produtos ou melhoram algo que já existe. Para tal, a empresa deve basear-se em testes (sem comprometer seu sigilo) e conversas com seus clientes. Ela deve fazer um comparativo entre aquele ambiente com aquela ideia implementada e o mesmo ambiente, naquele momento, sem a implementação e se questionar: será que isso funciona? Será que melhorará a vida das pessoas? O empreendedor tem de observar o mercado para verificar se a sua concepção é viável financeiramente.

O processo de inovação deve ser divertido e ter espaço para brainstorming, piadas, brincadeiras e conversas informais nos corredores da companhia. As pessoas podem discutir uma ideia em qualquer hora e lugar. Criar um ambiente favorável à inovação e à criatividade tem a ver com desmanchar os medos. Os colaboradores não podem ter receio de falar nem de errar. Ambientes extremamente formais, onde os funcionários sentem medo de falar, cerceiam a criatividade.

As ideias surgem normalmente quando as pessoas estão sozinhas. Eu tive muitas ideias sozinho, quando estava viajando. Isso já aconteceu, por exemplo, quando estava andando na rua ou em uma feira do setor. Interlocutores têm a tendência de atrapalhar linhas de raciocínio, no entanto, ideias podem ser lapidadas em uma conversa entre 2 ou mais indivíduos depois que elas já estiverem maduras nas mentes de seus criadores. Na Bematech, eu costumava sair à tarde com alguns funcionários da empresa para discutir algumas ideias em que estava trabalhando. Muitas vezes fazíamos isso caminhando na rua. Empresas americanas criam grandes ambientes com áreas verdes ou com espaços para a prática de esportes com o intuito de incentivar o surgimento e a discussão de novas concepções.

Ideias que se deparam com oportunidades no mercado, quando produzidas em escala, podem levar uma companhia a outro patamar.

Perfil criativo

Profissionais criativos são indivíduos com o espírito leve e que são apaixonados pelo que fazem. Não me lembro de ter ouvido boas ideias de pessoas excessivamente críticas e bem comportadas. Criatividade não combina com pessimismo nem com discurso conservador – ressaltando que o fato de uma pessoa ser descontraída não significa que ela não seja competente. Criativos são os que não tem medo de falar bobagem e, em alguns momentos, param de trabalhar para contar piadas.

Inovação em todos os lugares

Não existe inovação nem criatividade se não há problema a ser resolvido. É possível inovar em tudo: produto, serviço, modelo de negócio, gestão. A inovação empurra as empresas para o sucesso, afinal os empreendedores não podem focar apenas no seu produto ou serviço, devem pensar também na maneira como irão tocar o seu negócio.

Quem inova em vários campos da companhia tem mais chance de se sair vitorioso, por isso as empresas devem criar um ambiente interno de inovação continua. Por outro lado, as ideias precisam se transformar em algo que gere receita. É bom lembrar que o conceito de inovação discutido aqui está ligado ao universo empresarial e não ao acadêmico. Empreendedores devem investir em inovação contínua, mas não podem esquecer que as ideias precisam se solidificar e trazer algo de imediato para a empresa. Dizem que um projeto de engenharia nunca acaba se não houver um prazo final. Todo dia é possível melhorar algum ponto. Só que em um determinado momento, uma ideia precisa ser colocada em prática, já que o lucro gerado por ela pode financiar a inovação. A dinâmica de produção deve levar em conta a possibilidade de inclusão de atributos inovadores, pois uma ideia bem-sucedida propicia o crescimento de uma companhia. Quanto mais criativa ela for, por mais tempo gerará caixa.

Pode parecer paradoxal, mas uma ideia muito inovadora tem tudo para sofrer grande rejeição. O longo caminho para que ela consiga gerar lucro para a companhia justifica o que acabo de afirmar. Por exemplo, há ideias excepcionais sobre meios de pagamento, que seriam muito interessantes para a Bematech, entretanto, qualquer mudança tem de envolver toda rede de relacionamento da companhia: varejo, bancos e empresas de cartão de crédito. Não é fácil colocar todos no mesmo barco para colocar em prática uma inovação.

Trabalho duro em nome da inovação. Penso que o empreendedor deva ser objetivo quando deseja inovar. É importante trabalhar novas ideias que tragam diferenciais competitivos à companhia. Sou fã de pequenas inovações. Um conjunto delas em um conceito ou produto têm mais chance de se concretizar.

Lições de inovação para nunca esquecer

Criar um ambiente inovador dentro da companhia

Em algumas áreas da empresa, como o departamento de vendas, os colaboradores necessitam de um acompanhamento mais constante por parte de seus superiores. Em outras, precisam estar mais soltos e se divertir com o que estão fazendo. Devem se dedicar a projetos e ter liberdade para errar e refletir sobre o que estão produzindo.

Inovação como diferencial

Uma empresa só consegue atrair clientes e ganhar dinheiro ao se diferenciar no mercado com ideias inovadoras, mesmo que singelas. Por isso, é fundamental tentar enxergar o mundo externo do ponto de vista do mercado competidor e das necessidades dos clientes. Na Bematech, todas as vezes em que limitamos nossas ações dentro do que já existia, com pouca ou nenhuma diferenciação, tentando nos apoiar apenas na marca, não fomos bem-sucedidos. Nessas ocasiões, nos deparamos com muitas empresas atuando em um mesmo segmento de mercado com ofertas parecidas.

Inovar sem rótulos

A inovação não demanda cargos de chefia nem é exclusivo de um departamento e o empreendedor não deve rotulá-la. Acho estranho quando alguém se apresenta para mim como gerente ou gestor de inovação.

Inovar a partir de problemas reais

Um empreendedor que deseje postergar a mudança para uma sede maior pode introduzir a política de *home office*. Este procedimento pode tanto assegurar o fluxo normal de produção da companhia como agendar o investimento necessário para a ocupação de outro imóvel em um momento mais conveniente. Por outro lado, uma empresa que tenha espaço de sobra não precisa incentivar seus funcionários a trabalharem em casa só porque isso está na moda. A inovação deve ser proposta a partir de um problema real, que tenha uma justificativa plausível.

O que vi, vivi e aprendi sobre inovação

Penso que deva existir "uma companhia dentro de outra". A primeira deve focar no cotidiano, no curto prazo. A segunda, com equipe mais criativa e solta, precisa pensar no futuro. Esses dois grupos precisam estar separados na empresa, porque um não compreende o outro. Empreendedores não podem pensar em viabilizar uma empresa totalmente solta. Por outro lado, ambientes pautados em sua totalidade pela disciplina da operação podem perder sustentabilidade no longo prazo.

Do ponto de vista do indivíduo, alguns profissionais se sentem à vontade para plugar seu notebook em qualquer lugar para trabalhar. Outros gostam de ter sua mesa com fotos de membros da família e até de seu animal de estimação, ou seja, gostam de colocar sua identidade no ambiente da companhia. Neste sentido, criar uma regra de trabalho única não é o melhor caminho.

A Bematech nunca deu a devida atenção a essas possibilidades. Portanto, hoje eu proporia esta configuração da empresa composta por 2 equipes distintas.

Capítulo 9
Construção de parcerias

Esse é um assunto sobre o qual me sinto muito confortável em escrever, pois a Bematech foi construída em torno de parcerias. Não imagino, hoje, um empreendimento que consiga existir sem esse processo.

É impossível abraçar muitas tarefas simultaneamente. Toda empresa enfrenta limitações como, por exemplo, de conhecimentos e de recursos. Ao mesmo tempo, os clientes demandam respostas completas. A chance de encontrar uma intersecção satisfatória entre a vontade do cliente e a capacidade do empreendimento, especialmente entre aqueles que estão há pouco tempo no mercado, é nula. O cliente nunca irá mudar. Pelo contrário, vai desejar cada vez mais respostas completas e rápidas. As empresas encontram dificuldades para, sozinhas, satisfazerem essas expectativas, ainda mais no curto espaço de tempo esperado.

Muitas companhias adquirem outras para comprar know-how, tecnologia e mercado. Grandes empresas de tecnologia, como a IBM, a HP, o Google e a Microsoft, compram constantemente companhias menores. Todas elas em algum momento fecharam parcerias que foram decisivas para seu sucesso. Quanto mais nova é uma companhia, mais importante torna-se a necessidade de concretizar parcerias.

Muitos empreendedores que conheci achavam que tinham descoberto o tesouro dos piratas ao guardarem apenas para si a ideia, o projeto, o conhecimento, enfim, o empreendimento. Supervalorizavam seu "achado" nas conversas com possíveis investidores e com prováveis parceiros de negócio. Acabavam perdendo ótimas oportunidades de associação. Por outro lado, na medida em que as empresas vão crescendo, passam a perceber que nem todas as parcerias funcionam bem. Quando isso é detectado, preferem atuar sozinhas, adquirindo empresas. No início de um negócio, muitas parcerias nascem a partir de uma empatia. Nesses casos, prevalece o desejo de duas ou mais empresas realizarem negócios juntas. A dinâmica que envolve esses processos pode, no futuro, evoluir para a compra desses contratos de parceria. As aquisições que a Bematech fez na área de software eram no início empresas parceiras com as quais mantivemos relações duradouras.

Parceria como diferencial competitivo nos negócios

Percebo claramente que empresas mais fechadas, quando tentam realizar uma parceria, acabam sendo arrogantes, pois não gostam de abrir informações e de fazer reuniões transparentes. Isso acontece muitas vezes por causa do estilo pessoal dos empreendedores.

No início de suas atividades, a Bematech conseguiu fechar boas parcerias para conseguir fornecer prontamente o que o cliente precisava. Nós sempre fomos muito abertos a parcerias, nunca recusamos uma reunião, inclusive com competidores. Chegamos até a discutir a possibilidade de atender determinado cliente como um competidor – Michael Porter chama isso de "coopetição", ou seja, criar um espaço para competir no mercado junto com um competidor. É uma parceria entre a empresa e um de seus competidores.

Ao adotar uma postura de transparência e abertura, a empresa cria um ambiente propício para a realização de parcerias. Toda companhia deve resguardar determinados conhecimentos específicos que são as chaves para o negócio, mas algumas informações devem ser abertas. A companhia ganha mais quando se abre para o parceiro. A capacidade de uma empresa de construir parcerias rapidamente para entregar soluções mais completas para o cliente a direciona para o sucesso.

O bom parceiro

Parceria tem a ver com dar e receber. O bom parceiro é aquele interlocutor que está do outro lado da mesa e quer fazer uma aposta junto com você. Quando uma empresa simplesmente encomenda parte de seu produto ou serviço, não estabelece uma parceria. Neste caso há uma relação entre cliente e fornecedor. A parceria surge quando o outro lado arrisca e sabe que tem o que perder. Ou seja, ambos os lados apostam em algo que não existe. Trabalham juntos para, por exemplo, desenvolver um novo produto em que ambos terão de criar coisas novas e investir arriscadamente. Disponibilizam recursos, tempo e pessoal para apostar em algo inexistente. Parcerias ocorrem entre pessoas, e não entre empresas.

> **O que vi, vivi e aprendi sobre construção e gestão de parcerias**
>
> Nossa entrada na incubadora de tecnologia foi fruto de uma parceria. Na época, a direção da incubadora não tinha nenhum projeto incubado e precisávamos dela para ter uma sala e um laboratório a fim de desenvolvermos nosso know-how e nosso produto para, posteriormente, transformá-lo em um empreendimento viável. A princípio era uma parceria, depois, virou uma relação entre fornecedor e cliente porque começamos a remunerá-los e passamos a trabalhar de acordo com as regras estabelecidas.

Quando falei sobre o início da Bematech citei a empresa Menno, e a entrada técnica que conseguimos efetivar na Cobra Computadores, na HP e na IBM. Ou seja, tudo isso tem a ver com construção de parcerias. Essa relação sempre foi mais profunda com alguns de nossos fornecedores. No caso da Menno, nós tínhamos a ideia da impressora e a condição técnica de produzi-la, no entanto dependíamos das partes mecânicas, algo que não estávamos aptos a fabricar. Construímos uma relação de parceria com aquela empresa, que apostou em nós e a empresa ganhou bastante dinheiro ao firmar essa parceria com a Bematech. No entanto, seu lucro não foi imediato, porque a companhia fez uma aposta em nosso projeto. Esse era o único caminho a ser seguido para conseguirmos fornecer nossos produtos aos nossos clientes. A única coisa que tínhamos para oferecer à Menno, na época, era o futuro.

Porém, é preciso estar atento, pois uma parceria pode mostrar o outro lado da moeda. A parceria envolve riscos de ambos os lados, pois para construir uma verdadeira parceria as empresas abrem informações importantes, repassam ideias uma à outra e estabelecem uma relação aberta e de confiança. Isso é necessário para que se chegue da melhor forma ao objetivo que pode ser, por exemplo, o desenvolvimento de um novo produto. Se um dos lados decide se aproveitar de alguma forma das informações trocadas em benefício próprio e em detrimento do outro, isso se tornará um problema. Um dia, quando estávamos com tudo encaminhado, fabricando um volume considerável de mini-impressoras, fui chamado pelo fundador da Menno para uma conversa. Nosso contato maior era com os engenheiros da companhia e com seu principal executivo. Mas eu conhecia o dono, o senhor Menno. Percebi que ele havia prestado bastante atenção na evolução da Bematech. Naquela altura nós estávamos desenvolvendo as peças mecânicas da impressora praticamente em conjunto com a companhia. A Menno tinha uma estrutura industrial enorme, portanto era fácil para a empresa contratar os melhores profissionais da área eletrônica. Depois de fazer uma série de perguntas para mim, o então fundador me comunicou que estava pensando em fabricar a impressora completa. Isto é, a empresa iria competir com a Bematech. Esse é o risco de um processo de parceria, por isso é importante preservar "os pulos do gato" do seu produto.

A Menno tentou fazer impressoras, mas não obteve sucesso. A companhia teve uma série de dificuldades para desenvolver o protótipo, algo que já havíamos resolvido nos anos iniciais da Bematech. Quando me apresentaram os protótipos das primeiras impressoras que estavam desenvolvendo, percebi uma série de falhas. Detalhes, mas que somados trariam problemas suficientes para eles resolverem antes de chegar até o nível técnico em que estávamos. Naturalmente não comentei nada. Elogiei o produto e guardei para mim nossas soluções para todos aqueles pequenos problemas que já havíamos aprendido a resolver após muitas madrugadas e finais de semana trabalhando. Nesse momento, senti que essa relação tinha se tornado uma ameaça à nossa companhia. Afinal, a Menno tinha mais condições do que a Bematech para produzir e fornecer impressoras para o mercado. A empresa era muito maior do que a Bematech. Depois disso, após detectarmos quebra de confiança, a empresa deixou de ser nossa parceira e passou a ser considerada simplesmente uma fornecedora. A relação mudou radicalmente.

Durante muito tempo, a Bematech apostou em parcerias também de outros tipos. Distribuía e vendia, por exemplo, produtos de outras empresas, usando seu próprio canal de distribuição e até sua marca.

A Bematech sempre foi líder e formadora de opinião no mercado de automação comercial brasileiro. Fomos muito procurados por empresas estrangeiras para introduzir novas

> tecnologias e produtos em seu país. Muitas vezes embarcamos em projetos em parceria com essas companhias. Tivemos decepções com algumas delas pelo fato de também firmarem, em paralelo, "parcerias" com outras empresas.

No instante em que uma empresa se torna referência no mercado onde atua, será procurada por outras companhias para formalizar parcerias. Nesse momento, as empresas devem observar o tipo de proposta apresentada, quem é o potencial parceiro e o que realmente ele quer. É fundamental descobrir se do outro lado existe um parceiro ou um oportunista, por isso é importante fazer as perguntas certas a ele. O empreendedor precisa saber até que ponto o aspirante a parceiro está disposto a confiar e a investir. Parceria envolve o trabalho conjunto de empresas para atender um cliente ou um mercado, visando benefícios mútuos.

Lições de construção e de gestão de parcerias para você nunca esquecer

Já falei sobre isso, mas não custa reforçar: um empreendedor nunca atrairá um parceiro caso não tenha uma postura transparente. Ele precisa dizer onde a parceria se encaixa dentro do projeto em comum.

Por outro lado, toda parceria deve ter limites. Cito novamente o exemplo da parceria da Menno com a Bematech, que foi muito benéfica para as duas empresas enquanto durou. Se nós não tivéssemos retido nosso conhecimento-chave, eles teriam conseguido fazer uma impressora rapidamente – e eles detinham muito mais poder de fogo para competir no mercado do que a Bematech. A dica que eu dou: o empreendedor deve ser transparente, mas não pode se entusiasmar demais com essa transparência. Eu conversava sempre com os profissionais da Menno, no entanto, sempre preservei algumas informações relativas ao nosso projeto. Defendo também que os empreendedores não revelem aos seus parceiros tudo aquilo que imaginam em relação ao futuro de seu produto ou serviço.

As informações trocadas, de forma transparente, devem ser as específicas para que o projeto de parceria decole, nada mais.

A construção de um canal específico de revendas de automação comercial não existia no Brasil até a chegada da Bematech. Ele foi desenvolvido inicialmente através de construção de uma parceria com a Visage, o primeiro distribuidor da empresa. Nós começamos a "distribuir um mundo novo": nós como fabricantes de impressoras e eles como o primeiro distribuidor brasileiro de automação comercial. Durante o processo de construção dessa parceria, a Visage abria a informação sobre o mercado, e nós, sobre o produto. Nós investimos em marketing juntamente com eles. Parte de nosso sucesso tem a ver com esse canal de distribuição. As duas empresas eram pequenas antes de firmarem este acordo, que visava um projeto mútuo para que ambas ganhassem dinheiro. E foi o que aconteceu. Muitas informações de competidores foram obtidas através de nosso distribuidor, que também trabalhava com outras marcas. A Visage desejava que fôssemos o principal pilar de seu negócio, por isso eles nos ajudaram bastante cedendo informações da concorrência, como dados técnicos, preços, formas de abordagem ao mercado etc. Esse clima perdurou até 2001.

Antes disso, firmamos também acordos com outros distribuidores e as parcerias foram benéficas para todos. Afinal, todas as empresas envolvidas cresceram. Nessa época propusemos mudanças para trabalhar com nossos fornecedores, mas eles não concordaram. Percebemos então que nossa relação com nossos distribuidores não era mais de parceria, e sim de fornecedor e cliente. Então tivemos de provocar uma ruptura e passamos a atuar diretamente com nossos revendedores. Até então, entre a Bematech e o cliente, nossos produtos passavam pelos distribuidores e revendedores.

Relações de parceria se desgastam com o tempo. Um dos motivos que levam à deterioração dos relacionamentos é que as pessoas acabam tendo agendas próprias. Uma quebra de parceria pode ser ruim, ou até mortal para uma empresa se ela não tem segurança em relação ao que está fazendo. Por isso é fundamental que as companhias guardem para si próprias o seu know-how e os seus diferenciais competitivos, como sua tecnologia e seus valores. Se esses dados forem parar nas mãos do parceiro, a empresa não terá mais nada. Um parceiro, ao deixar de sê-lo, pode dar o bote e roubar diferenciais competitivos da companhia.

Conta-se que, no passado, uma grande empresa americana de software, dominante neste segmento, costumava fechar parcerias com empresas menores que estavam desenvolvendo novas tecnologias. Depois de um tempo avaliando a fundo a nova tecnologia, a grande empresa desistia de avançar, alegando que já tinha um outro projeto equivalente sendo desenvolvido em paralelo dentro de casa. Pouco tempo depois, a tal grande empresa lançava esta nova ferramenta e jogava por terra todos os esforços desenvolvidos por aquela empresa iniciante. Triste história, mas real.

Como podemos ver no filme *A rede social*, o Facebook surgiu a partir de uma parceria. Havia transparência e uma aposta conjunta. Eles anunciaram que iriam fazer uma rede interna na Harvard Business School. Mark Zuckerberg enrolou seus colegas até lançar seu próprio projeto. Isso gerou uma discussão judicial. O filme evidencia os riscos que uma parceria pode causar a um empreendedor.

Empresas pequenas que estão criando novos produtos estabelecem parcerias mais profundas do que aquelas maiores já estabelecidas no mercado. Quanto menor for um negócio, maiores são as apostas a serem feitas.

Como fazer com que as parcerias durem a longo prazo

Conforme já citei, parceria é uma relação entre pessoas. Ela envolve empatia, comunicação e transparência. Como em um casamento, deve haver sempre diálogo para que a relação continue estabelecida. Sem conversas frequentes, uma empresa não consegue manter uma parceria de longo prazo. O nível de satisfação e a agenda positiva precisam perdurar nessas relações. Tudo o que tornou possível a relação, deve ser mantido. Quando a agenda de um dos lados é modificada e essa mudança esbarra no escopo da parceria, a chance de ela se manter a longo prazo é pequena.

Enquanto a parceria funcionar como uma orquestra, onde "tocar junto" é sempre um prazer, ela terá boas chances de continuar existindo durante muito tempo. Parceria é uma relação saudável porque não envolve dependência. Ou não deveria envolver. É uma relação visando melhorar as condições das empresas para atuarem no mercado. Ou seja, qualquer um dos lados pode abrir mão dela. Empreendedores não devem depender de ninguém a longo prazo. Muitas vezes isso é difícil quando se está começando o negócio. Afinal, para empreender, no início, não há como avançar sem contar com algumas relações de dependência. Mas com o passar do tempo é importante ter uma relação de parceria para incrementar o negócio, não sendo saudável haver parcerias que, se quebradas, tragam riscos de continuidade ao negócio. O risco de continuidade pode se fazer presente, e muitas vezes é inevitável, principalmente no início do empreendimento. Mas com o passar do tempo e o amadurecimento do empreendimento, essas parcerias devem ser buscadas com o intuito de se construir uma oferta mais completa, porém a oferta básica ou o núcleo do negócio não deve depender de nenhuma parceria.

A empresa precisa ter opções. Se houver problema com determinada parceria, deve-se buscar outra opção, outra construção de parceria. A perda de um parceiro de negócio sempre será custosa, mas ela não pode ser tão crítica a ponto de custar o seu negócio. Se o parceiro em questão é único e detém partes importantes de sua tecnologia ou produto, deve-se construir um contrato que preveja essa ruptura e como as empresas que eram parceiras vão seguir a partir da ruptura. Por exemplo, se um parceiro de desenvolvimento detém parte importante do código de programação de determinado produto, e é muito difícil replicar esse código rapidamente, deve haver algo em contrato dizendo que, se houver ruptura, aquele código passa a ser propriedade das 2 empresas.

Gestão de parcerias

Sob a perspectiva formal, uma parceria tende a se transformar em um contrato. No entanto, há uma frase conhecida que diz o seguinte: "Bom contrato é aquele que você faz e esquece". A confiança mútua existe até o momento em que ela é quebrada. Isso vale nos negócios e nas relações pessoais. Confiança envolve um processo de construção, onde as partes vão evoluindo em sua doação. Quando um lado passa a se dedicar mais do que o outro e as informações de uma parte são utilizadas em detrimento da outra companhia, ocorre quebra de confiança.

Parte fundamental da gestão de parcerias é o desenvolvimento de um processo de comunicação contínuo, fluente. As empresas parceiras devem estar em contato constante, fortalecendo a relação e mitigando possíveis conflitos. Deve-se estabelecer claramente as pessoas de contato para cada atividade que está sendo desenvolvida e, com alguma frequência, devem ser realizadas reuniões com um grupo mais amplo para se discutir o andamento da parceria com a definição de possíveis correções de rumo.

Parcerias internas

O empreendedor deve pensar também em efetivar parcerias com pessoas que estão dentro de seu negócio, em posições-chave. Hoje, muitos profissionais atuam na Bematech como parceiros. Negócios pequenos, por exemplo, dependem desse tipo de parceria interna para dar certo.

Investindo em relacionamentos

Para não perder o foco no negócio, os empreendedores não devem se envolver muito com almoços e eventos para ampliar seu relacionamento. Isso deve ficar sob a responsabilidade de um executivo contratado pela empresa. A chance de sua empresa dar errado é imensa, muito maior do que a possibilidade de ela ser bem-sucedida, assim, um negócio não vinga se o empreendedor passar duas horas em um evento agradável para ampliar seu *networking*, que deve ser apenas aquele estritamente necessário para alavancar seu negócio no curto prazo. O tempo do empreendedor é muito precioso.

> **O que eu vi, vivi e aprendi sobre o tema**
>
> Como comentei, a Bematech foi construída com o desenvolvimento de parcerias; nos acostumamos com elas. Porém, nos enganamos muito por termos fechado acordos com empresas e pessoas que não nos enxergavam como parceiros, e sim como fornecedor, e hoje eu seria muito mais criterioso em relação a isso. As relações de parcerias precisam de reciprocidade.

Capítulo 10
Relacionamento com fornecedores e clientes

Todas as empresas devem estabelecer boas relações com fornecedores e clientes. Quanto mais duradouros forem esses relacionamentos, melhor para ambas as partes. O sucesso de toda companhia depende muito disso. É mais dispendioso buscar novos clientes do que manter os mesmos, o que pode valer também para fornecedores. Os empreendimentos, ainda mais aqueles que estão começando, devem procurar construir esse bom histórico de relacionamento.

A placa eletrônica de controle da impressora da Bematech envolve o trabalho conjunto de 3 fornecedores. O primeiro deles é o do design da placa. A Bematech idealiza o produto, incluindo o projeto da eletrônica, mas seu layout fica sob a responsabilidade de outra empresa. O segundo fornecedor, normalmente, é uma indústria eletroquímica que produz a placa de circuito impresso que irá receber os componentes. O terceiro fornecedor, também uma indústria, monta e testa esta placa com os componentes que lhe fornecemos. E a placa finalizada tem a capacidade de comandar uma impressora. Esse processo é semelhante para qualquer empresa de equipamentos eletrônicos, como fabricantes de computadores, eletrodomésticos e até de automóveis. Isso vale para Taiwan, Vale do Silício e para o Brasil.

No começo, nós escolhemos esses 3 fornecedores que acabaram se tornando parceiros importantes. Nossa relação com eles envolvia aposta, comprometimento e transparência na troca de informações. No início da empresa, não produzíamos em grandes quantidades e o produto ainda precisava de ajustes. Também não sabíamos se iríamos realmente vender. Durante um bom tempo, contamos com os mesmos fornecedores. Os primeiros layouts, na época da incubadora, foram feitos por nós. No entanto, como ocorre em toda empresa neste setor, à medida em que um projeto começa a se tornar complexo, buscamos fornecedores para trabalhar em conjunto.

Imagine, a cada novo projeto, ter que procurar novos fornecedores de placa de circuito impresso, no caso, desenhistas de layout, empresas que confeccionam placas e montadoras. Em cada ocasião, a história terá que ser contada novamente e a empresa precisará também verificar a qualidade dos serviços prestados por cada um deles. Se essa for a prática, o empreendedor não conseguirá fazer mais nada, a não ser buscar e administrar novos fornecedores.

A troca de fornecedores é sempre onerosa para os empreendedores, sejam esses fornecedores de limpeza, de segurança, de consultoria ou de recursos humanos. É tão crítico errar na contratação de um fornecedor quanto na de um colaborador-chave.

Gestão de fornecedores

Todo mundo quer qualidade, prazo de entrega e bom preço dos fornecedores (dentro da categoria "preço" incluo as condições de pagamento). Esses 3 itens são fundamentais. A insatisfação com algum deles deve levar o empreendedor a buscar outro fornecedor. No entanto, antes de trocá-lo por qualquer um desses motivos, deve-se tentar corrigir a distorção detectada. Por exemplo, a Bematech cansou de ter problemas de preço. Aliás, todas as empresas acabam tendo as maiores discussões com fornecedores em função de preço, até porque qualidade e prazo são sempre menos complexos de se negociar.

Por outro lado, o fornecedor também sabe que é doloroso perder um cliente. Dessa forma, ele tende a trabalhar na melhoria da questão levantada pela empresa, seja ela qualidade, preço ou prazo. Se, após muita conversa e negociações, o empreendedor não conseguir alterar o quadro de sua relação com seu fornecedor, deve substituí-lo. No entanto, recomendo que essa troca não ocorra de um dia para o outro. O novo fornecedor deve começar a trabalhar em paralelo com o que será substituído, além de precisar ser testado. Caso ele seja aprovado, o empreendedor deve diminuir as encomendas com aquele que deixará de trabalhar e iniciar as encomendas com o novo fornecedor, ampliando os volumes na medida em que ganha confiança. Esse é o processo correto. Chamamos isso de *fase out* e *fase in*. Ou seja, inicia-se o processo de término de relação com o fornecedor antigo ao mesmo tempo em que se começa outra com uma nova empresa. Pior do que ter de administrar um fornecedor ruim é não ter nenhum, e um empreendedor não pode ficar na mão. Ele não deve entregar totalmente um projeto para um novo fornecedor, que por algum motivo pode desistir do negócio.

O ideal, no início, é sempre trabalhar com um único fornecedor. Exceto no caso de empresas que já saem produzindo em larga escala. É impossível conseguir qualidade e preço produzindo em volume baixo. Os empreendedores devem trabalhar com apenas um fornecedor, ou no máximo 2, privilegiando um deles, que tem boas chances de se tornar um parceiro, e ficando o segundo como um estepe.

A Bematech fabrica hoje mais de 10 mil impressoras por mês. A empresa tem um fornecedor principal e um segundo que atua em menor escala. Trabalhar com 2 fornecedores rende ao empreendedor a possibilidade de comparar a atuação de ambos e utilizar informação de um dos lados para negociar com o outro. No mundo empresarial, infelizmente, a ameaça é um recurso necessário e que deve ser utilizado para incrementar a prestação de serviço dos fornecedores.

No começo de um negócio, a relação com alguns dos fornecedores principais tende a ser de parceria. Quando a empresa cresce, ela necessariamente precisa utilizar ferramentas de pressão para conseguir melhores respostas de seu fornecedor. É importante dialogar sempre com ele para tentar obter melhorias de qualidade, prazo ou preço. Costumo dizer que fornecedor que não reclama de nada durante muito tempo pode estar obtendo vantagens excessivas em algum desses itens.

Fornecedores estão em todos os lugares. No entanto, para viabilizar um contrato com uma empresa de Taiwan ou da China, o empreendimento precisa produzir em larga escala. É caro buscar fornecedor fora do Brasil. Quando a Bematech começou, quase todos os nossos fornecedores relevantes ficavam em Curitiba. O único que estava em outra cidade era a Menno, que nos fornecia um item muito específico: o mecanismo impressor. Com o crescimento da companhia, buscamos fornecedores fora do Paraná e mais tarde no exterior. A distância geográfica de uma busca por fornecedor é proporcional à escala de fabricação do produto da empresa. Quem está começando deve procurar se localizar em um *hub*, um local onde estão os fornecedores. Cinco minutos de conversa pessoal com um fornecedor vale muito mais do que 30 e-mails e 5 telefonemas. Essa história de resolver qualquer assunto via Skype e videoconferência não funciona, ainda mais para quem está começando o seu negócio. As pessoas precisam estar onde estão as soluções para os seus produtos. O maior exemplo disso é o Vale do Silício, na California. Nenhum lugar do mundo consegue competir com a região na área de tecnologia sob a perspectiva da quantidade de empreendimentos, de investidores, consultorias disponíveis, advogados especializados, dentre outros fatores. Quando uma empresa se estabelece próxima de seu fornecedor sua chance de obter sucesso aumenta substancialmente.

Quando começamos, tiramos proveito de tudo o que havia na incubadora. Em Curitiba, já existiam algumas universidades com cursos na área de tecnologia. Boa parte dos fornecedores que foram contratados estava na cidade. Tentamos um fornecedor de componentes mecânicos de lá, mas acabamos fechando um acordo com a Menno, que estava localizada a 500 quilômetros de distância. Várias vezes fui e voltei de carro no mesmo dia pois, no começo, nós tínhamos muitos problemas de qualidade para resolver com eles. Fico pensando em quão mais fácil teria sido se o fornecedor de mecanismos fosse perto de Curitiba. Empreendedores devem começar seu negócio em um local propício para evitar desgastes e riscos. Se uma empresa necessita de engenheiros e técnicos, ela precisa estar em uma região onde há disponibilidade desses profissionais.

Durante o crescimento de uma companhia, há grande possibilidade de surgirem pessoas dentro da empresa com valores não compatíveis com os dela. O mesmo vale para fornecedores. Essa situação pode incidir em uma aproximação antiética entre fornecedores e compradores. Ou seja, não é tão incomum aqui no Brasil um fornecedor oferecer vantagens para um profissional de uma companhia para conseguir efetivar negócios. Fornecedor deve ser tratado com rédea curta. Para evitar a configuração desse ambiente é necessário fazer auditorias e o empreendedor precisa sempre fazer cotações de preços. Caso a empresa descubra valores mais em conta no mercado para insumos equivalentes, há duas possibilidades: seu comprador é incompetente ou está levando algum benefício do fornecedor. Já passei por esse tipo de problema. A área de compras é extremamente crítica (todas as empresas se deparam com esta questão), por isso demanda acompanhamento constante e uma pessoa de extrema confiança para tocar esse setor da companhia.

Clientes

Cliente é a razão da existência de toda companhia. Todo negócio deve atender a demanda dos clientes e a necessidade de seu mercado. Nesse caso, a companhia oferece qualidade, preço e prazo. Sob a perspectiva de fornecedor, a empresa também não deve abrir mão de nenhum item. No caso da Bematech, sempre buscamos excelência em termos de prazo e qualidade, nunca deixamos de cobrar por isso. Afinal, é o lucro que sustenta uma companhia a longo prazo. Ao comprometer sua margem de lucro, uma empresa não consegue ir muito longe. Empreendedores devem aceitar críticas em relação à qualidade e prazo. Devem melhorar seu desempenho e nunca entregar um desconto facilmente. Precisam ser duros na queda no instante em que for necessário negociar preço, pois este é um quesito irrecuperável. Na hora em que um empreendedor dá um desconto, configura-se um caminho sem volta. A recuperação no preço só poderá ocorrer quando for lançada uma nova versão da oferta.

Demissão de clientes

Se uma empresa está bem posicionada em qualidade e prazo de entrega, e não ganha dinheiro com seu cliente, ela deve "demiti-lo". Esse tipo de relação não é saudável para um negócio. A única justificativa para se ter um cliente que exige demais da empresa é cobrar muito pelo serviço prestado. Se ele paga bem, pode demandar bastante da companhia.

Nem sempre o cliente tem razão. Empreendedores não devem entregar muito mais do que ele está pedindo. Surpreender um pouco é sempre bom, mas não se deve incluir itens adicionais ou entregar algo antes do prazo combinado. Descontos também não podem ser oferecidos desnecessariamente. Surpresas positivas custam dinheiro. Logo, se o cliente não irá remunerar a empresa por causa disso, não pode receber um produto com mais qualidade, com desconto ou em um prazo mais curto.

A relação com clientes não difere muito da relação com os fornecedores. Quando uma empresa tem um cliente, ela se torna fornecedora. E na maioria dos casos, quanto maior for o cliente, pior será o tratamento recebido pela empresa fornecedora. Este comportamento é padrão em qualquer lugar. No momento em que a Bematech passou a se relacionar com clientes grandes, começou a ter problemas de relacionamento com eles. Muitas delas ainda compram tecnologia como se estivessem adquirindo uma commodity qualquer. Como comentei anteriormente, muitas vezes, como clientes, temos de ser duros com o fornecedor, mas ser duro significa ser exigente e firme nas negociações, e não injusto, mal-educado e antiético.

Enfim, as boas companhias devem cobrar bem pelos seus serviços. Inconscientemente, todos os clientes desejam receber um produto ou serviço pela metade do preço. Digo inconscientemente, pois ninguém consciente pode esperar que algo muito bom possa ser fornecido por um preço muito abaixo do razoável. Do ponto de vista do fornecedor, o lucro gerado na relação comercial com o cliente propiciará que a empresa procure prestar sempre o melhor serviço.

Como fornecedores, nos deparamos com profissionais de compras para podermos fechar um negócio. As pessoas têm metas a cumprir. Nesse universo não há espaço para sentimentalismos e, muitas vezes, um comprador ganha bônus por ter conseguido um desconto de um fornecedor. É comum um fornecedor se deparar com um comprador, do outro lado da mesa, que condiciona a efetivação de um negócio a um desconto. Quanto maior um cliente, mais racional, frio e calculista ele é. A relação entre empresas e clientes é de conflito. Quem compra um produto deseja desconto e quem o fornece quer ganhar mais dinheiro.

Por outro lado, nenhuma empresa consegue existir sem ter ao menos um cliente, por isso ele precisa ser bem atendido. Falhas no atendimento e na comunicação podem suscitar sua perda, assim, é importante estar próximo do cliente para que ele faça sua reclamação (ainda que ela não seja pertinente).

Além disso, a companhia precisa se mostrar próxima do cliente em horas difíceis, pois o mesmo admite uma falha, mas não uma ausência. Ninguém perde um cliente por causa de um problema isolado de preço, prazo ou até de qualidade. Todos esses quesitos podem ser renegociados e resolvidos. No entanto, falha de comunicação pode sim gerar uma ruptura com ele.

Um problema pode se configurar em uma grande oportunidade, desde que o empreendedor se comprometa a resolvê-lo para o cliente. Já citei o caso da Cobra Computadores. Volto aqui a ele.

Esse caso ilustra bem como era a nossa relação com a Cobra Computadores. Tivemos problemas de preço, prazo e de qualidade, mas não de comunicação. Nós nos comunicamos bem, fizemos uma promessa e cumprimos nosso compromisso. Depois desse episódio, nunca mais aquela companhia comprou de outra empresa, o que foi muito importante para o sucesso da Bematech. Uma companhia que trabalha com seriedade e tem competência para resolver problemas suplanta qualquer situação de crise com um cliente.

Dentro da estratégia de crescimento da Bematech, decidimos entrar na oferta de software – até então só desenvolvíamos e vendíamos equipamentos. Compramos uma empresa que fornecia software de automação comercial, mas só soubemos que os clientes dessa companhia estavam insatisfeitos depois que a adquirimos. As primeiras reuniões que fiz com eles foram bem complicadas. Aborrecidos, achavam que a estrutura da Bematech, uma empresa já reconhecida como séria pelo mercado, poderia resolver as questões que vinham sem solução da empresa anterior, como problemas de qualidade e de entrega. Seguindo nossa postura de atender bem, tentamos melhorar a relação com todos eles, no entanto percebi mais adiante que nem todos mereciam receber esta atenção. Entre essas empresas estava um grande grupo varejista brasileiro no qual investimos muito dinheiro. Apostamos nesse cliente, pois achávamos que teríamos sua consideração no futuro. Quando percebemos que isso não ocorreria, decidimos encerrar nossa relação comercial.

Deveríamos ter avaliado o projeto e estabelecido um plano de trabalho. Erramos também por não termos firmado um novo contrato logo que assumimos esse cliente, após a aquisição da empresa de software, contrato esse que detalharia melhor deveres e direitos de ambas as partes. Infelizmente, continuamos apenas trabalhando para melhorar nossos processos, o produto e a entrega. Idealizávamos esse relacionamento como uma parceria, no entanto, eles nos viam como meros fornecedores e, pior, passaram a se aproveitar da situação, nos solicitando sempre algo a mais. Empreendedores precisam tomar cuidado com clientes que lhe fazem solicitações excessivas.

> **O que vi, vivi e aprendi sobre esse tema**
>
> Hoje, eu seria muito mais crítico em relação ao que acabei de dizer no parágrafo acima. Nós perdemos muito tempo com pessoas que não mereciam nossa atenção, então fomos firmes em algumas negociações com nossos clientes. Gastamos muito dinheiro por termos adotado esta postura, deveríamos ter desistido de negociar com essas companhias. As empresas podem perder um pouco de dinheiro no início do processo de relacionamento com o cliente, mas precisam ter a certeza de que vão lucrar com ele no futuro, a longo prazo.

Se negócios já desenvolvidos, com um porte razoável, acabam enfrentando desafios como os mostrados aqui, esses desafios ficam ainda maiores quando o negócio é pequeno e está se iniciando.

Capítulo 11

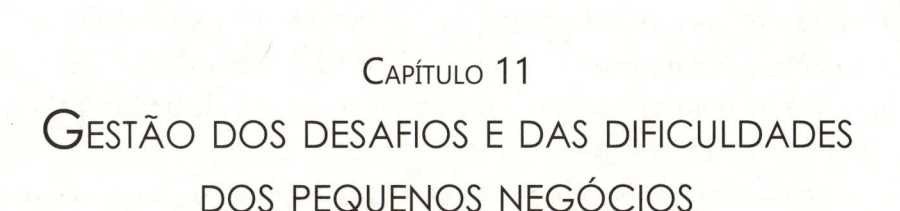

Gestão dos desafios e das dificuldades dos pequenos negócios

A experiência que vivi não é diferente da de um pequeno empreendedor que inicia seu negócio. Afinal, quase todas as empresas ao começarem suas atividades precisam lidar com a escassez de recursos. A falta de dinheiro não pode ser considerada necessariamente algo ruim. Na realidade, ela pode até ser vista como positiva sob o ponto de vista de aprendizado. Empreendedores que passaram por momentos de dificuldade e de escassez de recursos e aprenderam a lidar com isso aumentam as chances de sucesso em seu negócio. Na escassez é que as companhias aprendem a superar melhor os momentos de indefinição. Isso também é válido para nossas vidas.

No início da Bematech, passamos por momentos difíceis. Estas dificuldades nos ensinaram a administrar problemas ainda maiores que surgiriam no futuro. As crises que enfrentamos, quando a companhia já se encontrava em um estágio maduro, foram suplantadas graças à experiência desse aprendizado inicial. Empresas que recebem grande aporte de capital no início, seja de um sócio rico, um investidor ou do BNDES, tendem a sofrer mais diante de uma dificuldade por não terem encarado a escassez no começo de suas atividades.

Quanto menor um empreendimento, menor será o seu tombo. O inverso também é verdadeiro. Podemos fazer uma analogia desses 2 quadros com 2 indivíduos, um mais jovem e outro bem mais velho, que desejam andar de skate, surfar ou esquiar. Uma pessoa que possui algo a perder normalmente tem medo de arriscar. Ou seja, o medo do tombo é muito maior. Esse receio acaba limitando o indivíduo. No entanto, se uma pessoa desde criança aprendeu a andar de skate, surfar ou esquiar, consegue ter mais habilidade para gerir situações adversas quando estiver praticando um desses esportes na idade adulta. E tenha a certeza de que não há bons esquiadores ou surfistas que nunca levaram tombos, alguns bem feios, e se machucaram.

Situações de crise são semelhantes em empresas de todos os portes. A diferença fica por conta das companhias com sobra de caixa que aplicam grandes recursos para resolver o problema detectado. Essas empresas têm lastro, podem gastar. Empreendimentos pequenos não possuem disponibilidades em excesso para essa finalidade. Eles não admitem perdas, nem gastar muito dinheiro para solucionar crises. Empresas pequenas que não conseguem administrar problemas sem dinheiro e com criatividade, quebram.

Companhias que passaram por situações delicadas no começo arriscam de forma diferente. Empreendedores que não têm recursos sabem o quanto é doloroso passar por uma crise. Em uma situação como essa, por exemplo, os clientes podem cancelar pedidos e a empresa pode não ter recursos para pagar os salários dos funcionários, entre outras despesas. Quando uma companhia está capitalizada, um cancelamento de pedidos não gera grandes consequências internas. Empresas de grande porte, muitas vezes, têm dinheiro para pagar meses, ou até anos, de salários mesmo tendo problemas de receita.

Quem atravessou uma crise sabe como administrar outra no futuro. Já as empresas que não tiveram essa experiência no passado tendem a ficar mais acomodadas e não arriscar muito. Essas empresas sabem, por exemplo, que devem limitar a quantidade de projetos em andamento, porque seus recursos não são ilimitados. Mesmo que haja dinheiro para trabalhar simultaneamente em dez projetos, uma companhia deve focar 3 deles. O ideal é sempre administrar uma empresa, mesmo com disponibilidade de pessoas e de recursos, como se ela estivesse em crise ou convivendo com falta de recursos ininterruptamente. E o jeito mais eficaz de aprender a fazer isso é, infelizmente, ter passado por situações críticas, superando-as.

Existem acionistas experientes que recomendam distribuir a sobra do caixa das companhias para seus sócios quando não há muitos projetos que demandem aquela verba. A distribuição de dividendos nesta situação é uma prática muito utilizada no mundo dos negócios. Brinco com frequência dizendo que empresa boa é aquela que deve dinheiro para o banco, mas claro que há limites. Empréstimos precisam ser pagos e não devem colocar o negócio em risco. Porém, em geral, as empresas acabam precisando fazer dívida para crescer, e isso não é necessariamente ruim. Se o custo da dívida é adequado e há um plano definido para administrá-la, ela pode ser uma boa dívida.

Encarar desafios para crescer

Um gestor precisa se superar, e não se pode sempre esperar que ele esteja automotivado para buscar novos desafios. A necessidade do crescimento aliada à escassez de recursos é sempre uma boa maneira de manter o gestor conectado, buscando a superação.

Todos nós temos uma tendência a permanecer acomodados. O mesmo exemplo pode ser transportado para o mundo empresarial. Companhias e profissionais precisam estar sempre se superando. Eu gosto de criar o que chamo de "autoarmadilhas" para me colocar em situações difíceis e poder evoluir. Um exemplo de autoarmadilha foi ir para Boston estudar em uma das melhores escolas de negócios do mundo, a Harvard Business School.

Naquele momento eu tinha 37 anos, era presidente da Bematech e estava relativamente bem financeiramente. O curso era muito difícil, muitos empresários que começaram desistiram. Na época, eu achava que precisava aprimorar minhas ferramentas de gestão, principalmente na área financeira da empresa. Eu era bom tecnicamente e ia bem em gestão geral e marketing. Eu não ia me debruçar sobre a área financeira e tocá-la na Bematech, pois tínhamos uma boa equipe de finanças, mas desejava entender melhor o assunto. Tudo me levava à acomodação, no entanto quis me autodesafiar. Eu havia estudado inglês quando criança e adolescente, mas nunca havia morado fora. Não seria fácil encarar a dificuldade com a língua e a volta para uma cadeira de escola. Durante o curso, precisava passar as noites estudando para poder discutir os temas no dia seguinte.

A acomodação poderia também ter contaminado o desenvolvimento da Bematech. A uma certa altura, ela já estava bem estruturada no Brasil. No entanto, de olho em sua internacionalização, eu fazia as malas e ia participar de feiras na Alemanha e nos Estados Unidos. Nós mesmos montávamos os estandes. Mesmo sendo presidente da companhia, não deixava de carregar caixas nesses eventos. Imagine, naquela época, uma empresa brasileira tentando vender tecnologia nesses 2 países, esse cenário era totalmente improvável. Hoje nós temos uma importante e rentável atuação no exterior. Não há muitas empresas brasileiras de tecnologia que estejam lá fora ganhando dinheiro.

Todas as pessoas precisam se colocar em situações difíceis, de risco, para conseguirem evoluir. Esse risco deve ser calculado, mas tem de existir. Todo empreendedor precisa adotar essa postura, se não fizer isso, ninguém na sua companhia fará. Não há liderança somente no discurso, é necessário dar exemplos. Os colaboradores levam mais em conta o que o empreendedor está fazendo do que dizendo.

O papel, o exemplo e o desprendimento do líder

Apesar de eu não ter mais um cargo executivo na Bematech, até hoje as pessoas me respeitam pelo exemplo, consideram a maneira como eu liderei a empresa. Vale ressaltar que uma coisa é pedir para os funcionários seguirem por uma direção, outra é convocá-los para acompanharem o seu líder.

Há um exemplo clássico: em momentos de crise, a última remuneração que deve ser paga é o pró-labore do empreendedor. Todos os fornecedores e funcionários precisam receber seu pagamento. Apenas se sobrar algum recurso, ele poderá ir para o bolso do empreendedor.

Se para suplantar um momento de dificuldade for necessário contratar um consultor ou um profissional para atuar internamente e faltar dinheiro para isso, o empreendedor deve procurar absorver esse conhecimento para aplicá-lo em seu negócio. Claro, se o empreendedor necessita ter conhecimento de mecânica para administrar sua empresa, ele não precisa cursar engenharia mecânica. No entanto, pode estudar o que for fundamental para que ele entenda melhor o projeto de um produto de sua empresa, ele pode visitar fábricas, laboratórios e universidades. Quando desenvolvi a mini-impressora não detinha todo conhecimento para desenvolver seu projeto e não tínhamos recursos para contratar pessoas que pudessem nos ajudar. Contávamos apenas com favores de amigos e colegas de faculdade, tirávamos dúvidas com eles. Virávamos noites estudando para suprir aquela deficiência de conhecimentos.

Empreendedores também precisam correr atrás do prejuízo quando faltam recursos para resolver problemas mais elementares, simples, como por exemplo uma faxina na empresa. Nesse caso, eles mesmos podem fazer isso em um final de semana, convocando alguns colaboradores para ajudarem. Depois de limpar a empresa, os empreendedores podem fazer um churrasco ou pagar um almoço para essas pessoas. Ou seja, uma tarefa até então desagradável transforma-se em um momento divertido, prazeroso, de integração.

Deficiências de conhecimento, de pessoas e de recursos são suplantadas no instante em que o empreendedor as encara. As pessoas precisam ter desprendimento para agir assim. Por isso é que nem todo mundo consegue ser empresário, porque poucas pessoas estão dispostas a enfrentar essas situações.

Muitas vezes os empreendedores iniciam seu negócio quando já têm família formada. Nesses casos, as pessoas precisam equilibrar essas questões com sua vida particular. Quando comecei a Bematech, era solteiro. Mais tarde, já casado, eu ia trabalhar na empresa nos finais de semana e algumas vezes levava meu filho junto, que ficava brincando ao meu lado. Só vence quem tem amor pelo que faz. Vida de empresário é uma escolha difícil, pois ele tem que disponibilizar seu tempo e dinheiro para o negócio.

Poucas pessoas também têm desprendimento suficiente para abrir mão de parte de seu patrimônio para colocar em um negócio. Ser empresário é ser desprendido. O investidor, ao avaliar uma oportunidade, precisa observar se o seu proponente está disposto a trabalhar duro.

Para empreender, as pessoas não precisam ser necessariamente jovens e solteiras. Há muitos empreendedores maduros no mercado. Nesses casos, as esposas ou maridos dessas pessoas têm suas próprias atividades e os filhos já estão encaminhados. Empreendedores com mais de 50 anos normalmente possuem mais tempo disponível. Porém, existem fases da vida em que as pessoas estão ganhando dinheiro com seu trabalho e seus cônjuges podem estar cuidando da casa e dos filhos. Nesses momentos a tomada de decisão para se iniciar um empreendimento próprio e largar o emprego deve passar por uma profunda reflexão. Nem todos os momentos da vida são propícios para empreender, deve-se tomar muito cuidado com isso, pois no momento em que o empreendimento inicia, a única certeza que se tem é de que haverá muito trabalho, exigirá muito tempo e o sucesso dependerá de muitos fatores.

Quando a Bematech estava ampliando sua atuação em São Paulo, eu viajava para a capital paulista e dormia em uma suíte nos fundos do escritório. Com isso, nós economizávamos com hotel e ainda ganhávamos tempo, porque eu começava a trabalhar às 7 horas da manhã e trabalhava até a hora de dormir. Eu fiquei três anos em São Paulo para fazer nosso negócio crescer. Nesta fase, dobramos o faturamento a cada ano. Mas para conseguir isso tive que trabalhar das 7 da manhã às 11 da noite. E minha família ficava em Curitiba.

Como a dedicação do empreendedor é total, e é preciso que o negócio cresça rápido, é fundamental que a equipe da empresa tenha metas desafiadoras ("*stretched*", esticadas). Esse é um posicionamento que Jack Welch, icônico líder da gigante GE nos anos 1990, defendia. Isso significa que, se uma companhia acredita que possa chegar a um determinado faturamento, deve introduzir nele um valor adicional. A ideia é ampliar a meta para que a empresa cresça um pouco mais. Por exemplo, se uma companhia deseja faturar 100 mil em um determinado mês, deve buscar alcançar 120 mil ou até mais. Um dos papéis do empreendedor é criar situações de dificuldade para si, para sua equipe e para o seu negócio.

Falta de recursos

Os desafios costumam aparecer rápido no início de todos os negócios. As empresas iniciam suas atividades, geralmente, sem ou com muito pouco dinheiro e sem colaboradores. Falta de dinheiro se resolve com capitalização de um sócio ou com empréstimo bancário, se possível de um banco de fomento como o BNDES ou a Finep. Os bancos, aqui no Brasil, só costumam emprestar recursos para quem tem dinheiro. Empreendedores devem se planejar bem antes de adquirir um empréstimo bancário, pois normalmente as taxas de juros cobradas pelas instituições são extremamente elevadas. O relacionamento com um banco deve ser construído no instante em que a empresa estiver bem e não em um momento de crise.

A Bematech sofreu com a escassez de recursos durante alguns períodos. Lembro que a última vez foi logo antes de eu assumir a presidência da empresa. Minha primeira ação quando assumi a posição foi um enxugamento da companhia, pois sabia que nós não iríamos vender muito naquele ano. O mercado, naquele momento, estava estagnado. Por isso resolvi focar na redução de custos e das despesas para criar um colchão de recursos visando equilibrar a empresa no futuro imediato. Se o empreendedor percebe que não vai conseguir aumentar suas vendas, deve reduzir custos e despesas. Naquela época, a Bematech estava com uma estrutura inchada. Se não tivéssemos adotado esta estratégia, só nos restaria recorrer a um empréstimo bancário e sem garantias de ter o recurso necessário para quitar a dívida. Eu já tinha passado por isso e não queria viver essa história novamente. Dali em diante, após o enxugamento da estrutura e de várias correções, a companhia entrou em um ciclo de crescimento e nunca mais teve problemas financeiros.

A escassez fez parte de nossa formação e na da maioria dos empreendedores de sucesso. Brinco que ninguém na Bematech jamais conseguiu ter mais milhagem de ônibus do que eu. Só começamos a viajar de avião pela empresa a partir de 1993 já que isso era um luxo diante da escassez de recursos. Sempre tivemos muito cuidado em lidar com dinheiro. Nosso primeiro gerente financeiro certa vez me falou algo que nunca esqueci: "Dinheiro não aceita desaforo".

Choque de gestão

Naquele último período de escassez da Bematech, em 2000, as pessoas não estavam preocupadas com custos nem com despesas, elas não eram agressivas na busca de melhorias, havia excesso de funcionários, falhas de gestão, problemas de eficiência e de qualidade. Enfim, nada acontecia, estávamos em um marasmo. Percebi também que os projetos novos nunca saíam da área de engenharia, porque reinava um clima de acomodação generalizada. Para completar o quadro, detectamos uma fraude na companhia, estávamos sendo roubados. Enfim, a empresa estava doente. Claramente, uma parte importante do problema estava na liderança compartilhada. Éramos 4 diretores e cada um estava tocando sua diretoria como se fosse uma empresa à parte. A coordenação de atividades era difícil. Decidimos mudar a estrutura organizacional e escolher um presidente para a empresa. Depois de muitas discussões acabei assumindo a posição.

Nos primeiros meses, logo que assumi a presidência, na ânsia de resolver os problemas, eu chegava à empresa antes dos outros colaboradores e saía de lá depois deles.

Olhei linha a linha os custos e as despesas detalhadamente. Fiz mudanças na fábrica, onde cheguei a carregar bancadas e a limpar o chão junto com a equipe. Nessa época a Bematech já não era mais tão pequena, faturava algumas dezenas de milhões de reais.

Para procurar resolver todas essas questões me apoiei em 2 contratações: um novo diretor financeiro e um consultor que já havia trabalhado conosco antes. Demiti pessoas e cortei ineficiências. Coloquei as entregas em dia, melhorei a qualidade e tirei produtos novos da engenharia. No ano de 2001, reconstruímos a Bematech, da mesma forma que muitas empresas o fazem, passando por ciclos de dificuldades e se reorganizando para voltar a crescer. A partir de 2002, começamos a entrar em uma nova rampa de crescimento. Demandou um trabalho duro e dolorido, mas valeu a pena.

O que passamos na Bematech não é nada incomum. Muitos empreendimentos que são tirados do chão, do nada, e atingem sucesso superando crises financeiras e vários outros desafios, acabam perecendo na acomodação. Nesse momento é importante que alguém provoque um choque no empreendimento, visando retomar o espírito original que levou o empreendimento ao sucesso, e que desenvolva um novo ciclo de crescimento.

Antecipação e preparação

Empreendedores devem procurar antecipar-se a várias situações. Por exemplo, se eles precisam contratar um colaborador, têm de guardar dinheiro para pagar o seu salário, ou planejar que o fluxo de caixa futuro garanta isso. O mesmo vale para a procura por um investidor. Deve-se procurar constantemente construir relacionamentos com pessoas que possam se interessar por seu projeto.

Quando iniciamos o projeto da impressora para telex, nos deparamos com um problema, a cobrança de um valor mensal para poder estar na incubadora. O combinado era que a empresa interessada no produto, e que era nosso potencial cliente, assumiria este compromisso para que desenvolvêssemos o projeto dentro da incubadora. Nós dependíamos da entrada na incubadora para ter alguma chance de sucesso. No entanto, a empresa-cliente acabou desistindo de bancar a conta por falta de disponibilidade de recursos. Logo de cara essa foi a nossa primeira dificuldade, mas resolvemos esta questão através de meu relacionamento pessoal. Na ocasião, fui conversar com uma pessoa-chave do Tecpar que conhecia há muito tempo e lhe expus a nossa dificuldade. Falei que estávamos motivados e que nosso projeto era viável. O Tecpar acabou bancando o aluguel da incubadora e parte dos nossos custos, o que incluiu algumas viagens. Eles perceberam que tínhamos um projeto consistente e paixão pelo que fazíamos. O fato de já termos um cliente interessado no produto também pesou. Superamos a dificuldade e entramos na incubadora.

A segunda dificuldade que tivemos foi a ameaça da Menno, nosso fornecedor de partes mecânicas, de encerrar o projeto conosco. Mais uma vez não desistimos.

A terceira dificuldade que bateu em nossa porta foi a falta de dinheiro para finalizar o produto e iniciar a produção. Nessa altura já tínhamos estagiários trabalhando conosco e alguns protótipos, mas não havia recursos para produzir as impressoras. Depois de ouvir alguns "náos", inclusive do BNDES, conseguimos chamar a atenção de um grupo de investidores que acreditou em nós. Mesmo assim continuamos a nos relacionar com o BNDES, antecipando uma futura possibilidade de financiamento. Essa atitude nos rendeu frutos em 1995, quando precisamos de dinheiro novamente. Naquele momento a instituição nos concedeu o empréstimo de recursos conversíveis em participação acionária em tempo recorde.

Mais recentemente, ainda antes de eu deixar a posição de CEO da empresa, alguns investidores me perguntavam o que me fazia perder o sono em relação a Bematech. Eu sempre respondia a mesma coisa: "Nada". Dizia isso, pois já havia passado por muitas crises, pequenas e grandes, de todos os tipos. Hoje nada é tão ruim ou semelhante ao que já vivi no início da companhia. As dificuldades aliadas à disciplina da antecipação, da preparação, ajudam a construir no empreendedor um DNA de prontidão.

Sócios, seus papéis e sua remuneração

Entre os sócios, uma divisão justa de responsabilidades e cargas de trabalho é fundamental. Além disso, a diferença de participação de cotas ou acionária na empresa não deve interferir na remuneração salarial. Por exemplo, sócios com mesmo número de cotas, porém com cargas de trabalho distintas, devem receber remuneração compatível a sua carga de trabalho.

É natural que no início de um empreendimento as participações societárias sejam distribuídas de acordo com a responsabilidade ou importância de cada sócio para o sucesso do negócio. Porém, depois de um certo tempo, a participação societária passa a estar desvinculada das responsabilidades, e a sociedade e o trabalho se tornam práticas distintas. Neste momento, o sócio será remunerado pelo pagamento de dividendos advindos do lucro da companhia e o profissional passa a ser remunerado como um colaborador, recebendo remuneração não por ser sócio mas por estar trabalhando e conduzindo determinada atividade.

Há uma tendência nas empresas de se acomodar em relação a sociedades com um grande número de sócios, onde alguns deles não têm mais função fundamental na companhia e acabam sendo "alocados" em funções criadas especificamente para isso, o que gera um problema.

Quando um negócio começa a dar certo, não é aconselhável mudar a configuração da estrutura societária caso algum sócio esteja produzindo mais do que outro. Isso deve ser resolvido no plano operacional, pela remuneração. Neste caso, mudanças que devem ser aplicadas são aquelas que visam reequilibrar a remuneração de cada sócio mediante o seu esforço. Afinal, por algum determinado motivo, um sócio pode estar trabalhando bem mais do que o outro. Na Bematech, como é comum na maioria das empresas, tivemos algumas discussões por causa disso.

Cargas diferentes de trabalho sem contrapartida na remuneração desgastam a relação entre sócios. Em uma sociedade de 2, por exemplo, um sócio pode trabalhar meio período na empresa por ter um emprego em outro lugar. No entanto, essa pessoa pode ter colocado recursos na companhia e, por isso, ficou com metade das cotas, o que é natural. Mas o sócio que está se dedicando mais deverá ter remuneração maior. Quanto antes as regras de participação, remuneração e de distribuição de responsabilidades forem definidas, menor serão as chances de desgaste na relação entre sócios.

Crises macroeconômicas e internacionais

No início de um empreendimento, crises de cunho macroeconômico, como a de 2008, acabam sendo irrelevantes. Esse problema não existe para quem está começando. Quem inicia um negócio foca um nicho de mercado específico e passa a fornecer seu produto ou serviço para algumas empresas ou pessoas que estão necessitando disso naquele momento. Como o mercado para essa nova oferta é normalmente grande e uma empresa que está começando nem arranhou ainda qualquer participação relevante, se tudo der certo, o produto ou o serviço irá vender, com ou sem crise. Nós começamos a Bematech no auge do Plano Collor, um dos piores momentos da história econômica do Brasil. Surgimos em um péssimo cenário econômico e também político. No início dos anos 1990, o país sofreu muito. A inflação chegou a registrar a marca de 70% ao mês, significando cerca de 1 000% ao ano, e a economia mundial também não estava em um bom momento.

Um negócio precisa dar certo independente da crise que estiver a sua frente, seja ela econômica, política ou internacional. Tudo isso é passageiro para quem está iniciando um empreendimento. Empreendedor se vira em qualquer situação, ainda mais no início. Ele pode até aproveitar um momento de crise para ganhar dinheiro, enxergando ali oportunidades quando empresas já constituídas estão sofrendo.

Crise no mercado de atuação

Quando começamos a Bematech, em 1990, nosso ponto de partida foi fornecer impressoras para equipamentos de telex. No entanto, telex, nessa época, era uma tecnologia em franca decadência. Ou seja, iniciamos a empresa convivendo com uma forte crise em nosso mercado específico, no Brasil e no mundo. Não havia dinheiro de fomento, na realidade não havia dinheiro para nada. Muitos dizem que tivemos sorte, e é verdade. Mas facilitamos ao máximo para que a sorte pudesse nos ajudar, pois nos movimentamos bastante o tempo todo.

O ex-jogador Romário era um sortudo, porque a bola sempre sobrava nos pés dele. Só que ele sabia fazer gols e se posicionava muito bem. O golfista Tiger Woods usa uma frase sobre este tema: "Quanto mais eu pratico golfe, mais sorte eu tenho." Sorte é o encontro da oportunidade com o conhecimento específico ou competência.

Nesta fase inicial da Bematech, a empresa fabricante do telex de uma hora para outra parou de nos pagar e quebrou. Porém, sabíamos que telex era um segmento para apenas começarmos o nosso negócio. Estávamos cientes de que esta tecnologia estava se tornando obsoleta. Mas esse cliente nos ajudou a atrair sócios e a entrar na incubadora. A próxima etapa foi adaptar nosso produto para o mercado de automação comercial. Criamos a mini-impressora, ou seja, nos antecipamos pois, naquele momento, o mercado para esse produto era uma aposta. Ele acabou sendo direcionado para o mercado de automação bancária. Quando as vendas para este setor começaram a crescer, nós crescemos juntos. Ganhamos dinheiro e viabilizamos o nosso negócio. Em 1995, o setor bancário atravessou uma grave crise, e nós estávamos focados nele. A partir daquele momento, redirecionamos todos os nossos esforços e conhecimentos para o segmento de automação comercial. Desenvolvemos a impressora fiscal que teve muito sucesso. Percebemos que no setor de automação comercial não seríamos apenas um *player* relevante e sim o grande *player*. Foi nesse momento que construímos a nossa marca e conseguimos nos diferenciar. Antes dessa etapa, não vendíamos nosso produto com marca própria: ele saia da nossa fábrica com a marca do nosso cliente que era normalmente um grande fornecedor de automação bancária. Um produto é passível de cópia, uma marca, não. Percebemos isso e passamos a colocar a marca Bematech em nossos produtos.

Quando os bancos começaram a utilizar PCs, e ao lado desses PCs mini-impressoras, sabíamos que o mesmo iria ocorrer no comércio. Ou seja, as caixas registradoras estavam com seus dias contados. As pessoas iriam desenvolver softwares para PCs e utilizá-los no varejo. Fomos estudar este mercado que é regulamentado pelo Fisco e em seguida redirecionamos todos os nossos investimentos para o setor de automação comercial. Naquele momento de transição, Wolney passou a se dedicar aos projetos com os grandes fabricantes, principalmente de automação bancária, enquanto eu criava a impressora fiscal e o nosso negócio de automação comercial. Dali para frente as vendas para o setor de automação comercial começaram a decolar. O mercado de automação bancária não desapareceu, mas se tornou um oceano vermelho, porque depois de 1995 muitas empresas passaram a oferecer produtos para este segmento. Ou seja, a competição neste setor passou a ser sanguinária, com os preços despencando. Para ganhar um contrato de fornecimento as empresas estavam "dando seu sangue", fornecendo produtos sem saber ao certo se iriam ganhar dinheiro. Neste cenário, nós, naturalmente, não estávamos mais ganhando tanto dinheiro com automação bancária. Alguns contratos continuavam sendo grandes, mas o ganho por produto vendido era cada vez menor.

Nos primeiros cinco anos de vida, vivemos duas crises enormes em nosso mercado. No entanto, administramos essas situações nos reinventando. Essas crises nos empurraram para uma adjacência sempre melhor em relação ao setor anterior que atendíamos. Foi muito melhor trabalhar com bancos do que com uma empresa que fabricava telex. O mesmo vale se compararmos o setor de automação entre bancos e o varejo, a automação comercial.

A importância da antecipação

Claro que crises podem afetar o mercado de atuação de uma empresa. A Bematech, durante um bom tempo, teve sua renda atrelada exclusivamente à venda de seus equipamentos. Depois que abrimos o capital da companhia, criamos mais outras 2 fontes de receita: venda de software e de serviços. Vislumbramos que cada vez mais o hardware de automação comercial tendia a se tornar um commodity, com produtos facilmente replicáveis, sem grandes diferenciais.

Empreendedores precisam redesenhar constantemente o seu negócio e se preparar para crises futuras. Peter Drucker discorreu sobre este assunto colocando que o papel do líder não é prever o futuro, mas estar preparado para esse futuro não importa qual seja, antecipando-se a ele. O líder precisa criar uma estrutura, uma equipe e uma empresa para se dar bem independentemente do futuro que virá. Eu sempre procurei praticar a antecipação, imaginando para aonde estava indo o meu mercado. Sempre pensei nas dificuldades e nas crises que tinha pela frente. Quando via que algo iria complicar nossa trajetória, chamava minha equipe e os sócios para conversar. Nesses momentos, lançava o desafio a todos: "como podemos criar um novo produto para substituir este, que é nosso ganha-pão?" Foi assim que começamos a trabalhar com softwares e serviços para escapar da dependência da receita de venda de hardware. Quanto mais preparado estiver o empreendedor, melhor será sua resposta em momentos de crise.

Gostaria de relatar um caso de antecipação que me marcou muito. Na época em que liderávamos o setor de impressoras fiscais, observei que as outras empresas iriam utilizar alguma estratégia para movimentar o mercado em um determinado final de ano. Nesse período, nós estávamos muito à frente das outras empresas. Concorríamos principalmente com *players* de São Paulo. Eu sabia o que estava acontecendo no mercado porque frequentava a associação de fabricantes para discutir os desafios do setor. Naquele momento, dentro das minhas responsabilidades, estavam as áreas de vendas e marketing da companhia. Todo empreendedor deve ter conhecimento sobre essas duas áreas, pois são elas que levam a empresa para frente.

Avisei minha equipe que a concorrência estava se preparando para nos atacar no final do ano. Eles poderiam baixar os preços, fazer promoções ou outra ação qualquer. Nós tínhamos o mercado na mão, mas eu sentia que empresas concorrentes estavam se estruturando. Diante dessa possibilidade, me antecipei a elas, e preparei com minha equipe uma forte promoção de fim de ano. No final das contas, para minha surpresa, a concorrência nada fez e nós acabamos dominando ainda mais o mercado a partir daquele final de ano. Batemos recordes sobre recordes de venda. O pessoal dava risadas dentro da Bematech.

Quem se antecipa para enfrentar a concorrência ou para uma crise que se avizinha obtém sucesso diante dessas dificuldades. Quem faz o mesmo e não as encontra, ou seja, prepara-se para o pior e nada acontece, amplia ainda mais o seu mercado e o seu sucesso. Nunca a antecipação pode ser considerada perda de tempo. Por isso, se conveniente, chego a considerar que vale à pena ter um clima de crise inventado dentro da companhia, porque se ela de fato vier, a equipe terá mais facilidades para superá-la. As pessoas precisam estar sempre de prontidão. Devem ser avisadas que o mercado da companhia pode ser dividido com novos entrantes, empresas que decidem começar a atuar no mesmo segmento, sejam competidores externos entrando no país ou empresas que atuavam em outro setor e decidam diversificar. Quando as equipes partem atrás de metas desafiadoras, as crises de mercado e as crises macroeconômicas não conseguem abalar significativamente o negócio.

Recordo-me de uma conversa que tive com meu braço direito de vendas, a pessoa que cuidava do canal de vendas da Bematech, há vários anos. Ele colocava que apesar de estarmos um pouco abaixo da meta estipulada para aquele ano, naquele momento, as vendas estavam bem superiores às do ano anterior e estávamos espremendo fortemente a concorrência. Éramos dominantes absolutos. Discordei veementemente dele e coloquei que, se tínhamos uma meta estipulada, teríamos de correr atrás dela, não importa quanto à frente estávamos de nós mesmos no ano anterior ou quão distante estávamos à frente do segundo colocado no mercado. Baseado nesse caso, coloco aqui 3 recados importantes:

1. Se a empresa está em um bom momento e pode crescer, as metas devem ser fortes e desafiadoras, indiferente da posição do concorrente;

2. Venda deixada para amanhã é venda perdida!; 3. Sendo agressivo em vendas, mesmo em um momento em que aparentemente estamos bem, estamos nos antecipando e criando dificuldades cada vez maiores para nossos concorrentes e consolidando cada vez mais nossa posição no mercado.

Como gerenciar conflitos com clientes e fornecedores que sejam empresas de médio e grande porte

Quando ainda éramos bem pequenos, tivemos clientes grandes, como a IBM e a HP. E um dos nossos fornecedores era um dos maiores em peças de mecânica de precisão do Brasil. Com muito planejamento e uma postura séria, conseguimos lidar com essas companhias como se nós também fôssemos grandes. Há um ditado que vem da Roma Antiga: "Não basta a mulher de César ser séria, ela deve parecer séria". Ou seja, toda empresa precisa exibir aparência de seriedade. Os clientes grandes de uma empresa pequena não desejam correr riscos. E quem atende as pequenas companhias fornecedoras são os compradores e profissionais das grandes empresas. Essas pessoas costumam ter medo de perder o seu emprego caso façam uma bobagem, que na cabeça delas pode ser a efetivação de um mau negócio de compra com uma pequena empresa. Nesses momentos, os empreendedores devem estar preparados para se relacionar com essas companhias. Quem não aparenta seriedade não consegue fornecer o seu produto ou serviço para uma grande empresa. O mesmo vale em casos de aquisição de produtos ou insumos de companhias de maior porte. Vale a pena investir em reuniões em lugares agradáveis ou ainda utilizar outras ferramentas de marketing para conseguir negociar com um representante de uma grande companhia. No entanto, o ponto mais importante dessa relação é o seguinte: empresa de grande porte deseja que empreendedor pequeno tenha um comprometimento além do normalmente esperado.

Capítulo 12
Startups de tecnologia no Brasil e no mundo

A história da Bematech é interessante no sentido em que se assemelha bastante a outras histórias de empreendimentos desenvolvidos, por exemplo, os do Vale do Silício. Infelizmente não há muitas trajetórias similares entre as empresas de tecnologia no Brasil. O primeiro problema que as empresas de tecnologia, sobretudo aquelas que fabricam hardware, enfrentam no país é a baixa demanda. Nos Estados Unidos, é comum as empresas venderem produtos em grande escala. A Bematech se deu bem no mercado porque se posicionou em um nicho onde a competição é menor.

No Brasil, as *startups* de tecnologia necessariamente precisam estar ligadas a um nicho de mercado para terem alguma chance de obter sucesso e sustentá-lo no longo prazo. Por aqui, as dificuldades para empresas de tecnologia iniciantes se desenvolverem são enormes, porque não há incentivos para que isso ocorra. Por exemplo, a proximidade com as universidades Berkeley e Stanford e a possibilidade de fornecimento de tecnologia para a indústria militar foram fundamentais para a consolidação do Vale do Silício. A HP ganhou muito dinheiro vendendo calculadoras e computadores para o governo americano, que sempre investiu pesado na área militar e, durante um bom tempo, em seu programa espacial. Na realidade, muitas empresas de tecnologia se desenvolveram nos Estados Unidos por serem fornecedoras para a indústria militar. Ou seja, de alguma forma houve uma indução para que este setor crescesse.

A Bematech aproveitou o suporte governamental disponível na época de sua fundação. A criação da incubadora de tecnologia de Curitiba envolveu o Governo do Estado do Paraná através do Tecpar. Na época, também tivemos suporte de uma parceria com a Fiep através do IEL, com a universidade e com o Sebrae.

Não se começa uma *startup* simplesmente do nada. Companhias iniciantes precisam estar próximas de universidades e de empresas que demandem os produtos que elas produzam. A Bematech iniciou suas atividades fornecendo para uma empresa de telex em Curitiba – ou seja, havia uma demanda na mesma cidade onde a companhia estava instalada. Na realidade, existia, na época, um polo de telecomunicações no Paraná, que contava com empresas como Sid Informática, Inepar, Siemens e a Schause. Estas companhias apoiaram o curso de pós-graduação de informática industrial que cursamos – o que nos motivou a iniciar a Bematech.

Havia ainda a Telepar, empresa estatal considerada modelo no setor de telecomunicações, onde trabalhava muita gente formada na Universidade Federal do Paraná e no CEFET, escolas com cursos técnicos muito bons. A Copel, empresa estatal de energia elétrica, tinha um laboratório na universidade com pesquisadores desenvolvendo novas tecnologias para este setor. Ou seja, uma conjunção de fatores pode propiciar o surgimento de empresas. No entanto, isso não ocorre do dia para noite.

O desenvolvimento de uma região ocorre a partir de uma ação coordenada. Tem de haver uma universidade para criar massa crítica, empresas de grande porte que demandam produtos ou componentes de tecnologia e algum tipo de fomento, como uma incubadora e linhas de financiamento.

No Brasil não há muitas empresas desenvolvendo novas tecnologias nem uma coordenação governamental para definir regiões que possam se tornar polos do setor. Os poucos lugares que concentram essas iniciativas fora dos grandes centros no Rio de Janeiro e em São Paulo, como Santa Rita do Sapucaí (MG), Curitiba, Florianópolis, São Carlos, São José dos Campos e Recife, contaram com alguma estrutura local para se desenvolver. Por exemplo, próximo a Santa Rita do Sapucaí está a Universidade Federal de Itajubá (Unifei), onde há um curso de engenharia elétrica bastante tradicional, a adoção de incentivos fiscais acabou atraindo empresas de telecomunicações para a região. Em São Carlos também há um campus da Universidade de São Paulo (USP) e outro da Universidade Federal de São Carlos, que contam com cursos de graduação, mestrado e doutorado em áreas técnicas e em São José dos Campos existe o conceituado Instituto Tecnológico da Aeronáutica.

Infelizmente, as coisas demoram muito para mudar no Brasil. As empresas continuam contando apenas com aparatos isolados para se desenvolverem, que podem ser, por exemplo, um instituto ou uma universidade, e não há um plano de incentivos para ser implantado no futuro. O país cresce graças à sua produção na agricultura, onde houve grande avanço, à pecuária e à extração de minérios. Enfim, vivemos da exportação de commodities vendidas a granel. Nem o turismo, que é uma vocação natural do país, consegue se desenvolver. Não há uma indústria relevante de tecnologia no país, e a chance de haver no futuro é muito pequena.

Em vários momentos, o governo toma decisões que desfavorecem nosso ambiente econômico. Por exemplo, em 2011 o governo decidiu aumentar o IPI dos veículos importados em 30%, visando proteger ainda mais a já superprotegida indústria automobilística aqui instalada. Antes dessa tomada de decisão, os ministros da Ciência e Tecnologia e do Desenvolvimento, Indústria e Comércio Exterior propuseram a redução da carga tributária da indústria local como contrapartida a investimentos em pesquisa e desenvolvimento na área de manufatura de automóveis. Infelizmente esse projeto não saiu do papel. Venceu a tese mais fácil de se aumentar imediatamente o IPI. Se a proposta dos ministérios fosse atendida pelo governo, um polo de desenvolvimento de tecnologia poderia ser criado. As *startups* de tecnologia conseguem se desenvolver por aqui quase que por fruto do acaso e da perseverança dos empreendedores.

    Aqui, quando o governo não atrapalha a iniciativa privada já está ótimo, pois normalmente no Brasil, quando o governo entra em algo é para complicar. Excesso de burocracia, corrupção, legislação complexa, incompetência, preguiça, entre outros fatores, não propiciam o desenvolvimento de negócios. Por exemplo, as leis que regem os tributos, como o ICMS, mudam com uma frequência absurda. É quase impossível uma empresa (ainda mais alguma pequena que está lutando para construir seu negócio) estar em dia com todo o emaranhado de leis existentes e mutantes. Isso não existe no exterior. No Vale do Silício, na Alemanha, no Japão ou em Taiwan há regras trabalhistas e tributárias estáveis. É bem provável que, a respeito das legislações fiscais e trabalhistas da Califórnia, quase nada tenha mudado desde que a Apple nasceu.

    Temos ainda problemas de infraestrutura. Nossas estradas estão em mau estado e os aeroportos, saturados. Quase não temos ferrovias. Quem trabalha com tecnologia precisa viajar a todo momento, e viagens no Brasil, além de complicadas, custam caro. Vivemos há muitas décadas nessa situação e, dessa maneira, é impossível competirmos com os Estados Unidos ou com o Japão.

    Israel, Taiwan, Coreia e, mais recentemente, Irlanda, conseguiram desenvolver polos de tecnologia. Em Israel, muitas companhias produziram para indústria de defesa e de segurança. Taiwan virou a "meca" dos computadores. Várias empresas de tecnologia surgiram na Coreia fornecendo para grandes companhias como a LG e a Samsung. Na Irlanda, boas universidades formando bons profissionais a custos mais baixos que em países como os Estados Unidos e um regime tributário atrativo levaram empresas de tecnologia a estabelecer importantes operações por lá.

    Uma conjunção de fatores foi determinante para o surgimento de algumas empresas de tecnologia em Curitiba. A região conta com ótimas universidades. Houve uma coordenação do governo com o Instituto de Tecnologia do Paraná e uma desoneração do imposto estadual, o ICMS. Havia ainda grandes companhias locais que geraram demandas iniciais. A Positivo Informática começou produzindo PCs para o Grupo Positivo. A Bematech iniciou suas atividades fornecendo impressoras de telex para a Equitel/Siemens e para a Schause. Hoje, em Curitiba, existem 2 grandes empresas montadoras de placas de circuito impresso que fornecem para a Bematech e para a Positivo Informática. E essas companhias trabalham com empresas menores que desenvolvem layouts de placas de circuito impresso. Se houvesse continuidade de apoio com desoneração de impostos e uma coordenação maior do governo, além da atração de empresas importantes do setor, o polo de tecnologia de Curitiba se desenvolveria mais ainda. A política industrial deveria ser uma das propostas do Governo Federal, no entanto ele não se preocupa em estimular a criação de polos industriais. Diante desse descaso, há muitas distorções no país. Por exemplo, na Zona Franca de Manaus não existem *startups* para fornecer tecnologias às grandes empresas locais. Eu não vejo nenhuma movimentação que aponte uma região que catalise *startups* de tecnologia. O Brasil está muito distante de se tornar uma potência em empreendedorismo tecnológico.

Configuração de polos de tecnologia

Em regiões onde há polos de tecnologia é necessário que exista geração constante de massa crítica, ou seja, universidades de alto nível e cursos técnicos de excelência e, por fim, apoio governamental com desoneração de impostos e redução da burocracia. Só assim se evidencia que em uma determinada região é mais fácil surgir *startups* de tecnologia. Hoje, não vejo no país nenhum lugar que concentre esses 3 aspectos.

Como exemplo de uma ação integrada visando criar um centro de tecnologia, no final dos anos 1980, em Curitiba, houve a criação do curso de pós-graduação de informática industrial. Professores vieram do exterior para lecionar. O curso estimulava os alunos a desenvolver o projeto de um empreendimento, e, ao mesmo tempo, surgiu a incubadora dentro do Instituto de Tecnologia do Paraná. Todas essas ações estavam integradas e foram fundamentais para que Curitiba, naquele momento, passasse a ter destaque no Brasil na criação de empreendimentos de base tecnológica.

Especificidades de *startups* em tecnologia

Toda *startup* é algo intangível por se tratar de uma promessa de futuro. Montar uma empresa demanda algum conhecimento. Por outro lado, um indivíduo pode investir num estabelecimento comercial a partir da experiência de um parente próximo em um negócio similar. Nesse caso, esta pessoa não precisa ter um conhecimento tão elevado para ter sucesso em uma *startup* comercial.

Já *startups* em tecnologia lidam com muitas ideias que não são facilmente inteligíveis. Tecnologia demanda muito mais horas de capacitação, estudo e treinamento do que outros setores. Quem inicia uma *startup* nesta área necessariamente deve ter formação técnica, além de conhecer algumas ferramentas comuns a todos os ramos de atividade, como por exemplo, fluxo de caixa. No caso de *startups* de tecnologia, empreendedores precisam ter ainda domínio da técnica daquilo que estão desenvolvendo para oferecer ao mercado.

Infelizmente, engenheiros e técnicos não são profissões valorizadas no país. Todas as carreiras que demandam estudo e conhecimento profundo de técnicas convivem com esta realidade. O pré-sal da Petrobrás está demandando a contratação de profissionais estrangeiros porque não há gente suficiente capacitada no mercado brasileiro. Este enorme esforço de extrair petróleo em áreas muito profundas poderia, de alguma forma, promover a criação de *startups* que pudessem fornecer novas tecnologias ao projeto.

Além da falta de incentivos do governo, empreendedores do setor de tecnologia sofrem também com a precariedade da estrutura de internet. Uma pesquisa denominada *Global Download Study*, divulgada no segundo semestre de 2014, revelou que o Brasil está na 77ª posição entre os países do mundo no quesito velocidade de internet. Estamos atrás de países como Trinidad e Tobago, Macedônia, Madagascar, Cazaquistão, Armênia, Vietnã e Ucrânia.

Venda de *startups*

Nos Estados Unidos, as grandes corporações costumam comprar *startups* de tecnologia que se destacam no mercado, e esse movimento instiga o surgimento de outras empresas. A possibilidade de venda de um negócio que possa vir a enriquecer seus sócios funciona como um estímulo adicional. As pessoas pensam em se realizar profissionalmente, mas também visam sucesso econômico. Empreendimentos precisam gerar lucros.

Eu investi em uma empresa de Curitiba que desenvolve e fornece plataformas de *e-commerce*. Meu intuito é que ela seja absorvida por uma outra companhia, quem sabe americana. Sem este investimento, esta empresa provavelmente não irá se desenvolver. Várias corporações possuem fundos de investimentos para aportar recursos em empresas de tecnologia. No entanto, no Brasil, ainda não há muitas oportunidades atraentes de negócios neste segmento. Para iniciar minha nova carreira de investidor, eu investi em empresas que já existiam no mercado: uma de médio porte e em 3 pequenas. Todas detentoras de diferenciais tecnológicos. Graças a esta injeção de recursos, essas empresas têm hoje muito mais chance de obter sucesso. E se este pequeno fundo de tecnologia se tornar bem-sucedido e esta história repercutir, mais pessoas vão se sentir compelidas a seguir pelo mesmo caminho.

Capital e conhecimento

Salvo raras exceções, *startups* de tecnologia necessitam de uma boa quantia de dinheiro antes de começar a dar seus primeiros passos. Nesta fase, empreendedores devem ir atrás de investidores.

E como já citei anteriormente, neste momento o empreendedor precisa ter em mãos algo concreto para mostrar e um plano de negócios, ainda que singelo. O empreendedor tem de estudar o seu mercado e observar o potencial de crescimento de seu negócio. Deve mostrar ao investidor que tem grandes chances de dar certo, que suas ideias são tangíveis. Como investidor, já me deparei com planos de negócios muito bem-feitos, porém sem um protótipo funcionando. Certa vez, uma pessoa idealizou um software que, na verdade, era apenas um trabalho teórico. Na ocasião, percebi que não havia nada de concreto para ser mostrado, nem sequer uma linha de código do projeto. No entanto, o plano de negócios tinha qualidades.

Quem deseja empreender em tecnologia, mas não domina tecnicamente sua oferta, deve procurar associar-se a alguém que detenha este conhecimento. Por exemplo, além da Bematech, as companhias de tecnologia Datasul, Totvs e Positivo Informática iniciaram suas atividades contando com empreendedores que dominavam tecnicamente o que estavam propondo ao mercado. Todas elas conseguiram abrir capital com sucesso. O mesmo ocorreu com companhias estrangeiras como a Apple, Google, Microsoft e Facebook.

Uma ideia precisa ser desenvolvida por um técnico. Acredito ainda que 2 técnicos possam ganhar muito mais dinheiro se trabalharem juntos, pois muitas vezes, uma pessoa tem uma ideia e outra a desenvolve.

Na dúvida, vá em frente

Independente das dificuldades que citei neste capítulo, empreendedores de tecnologia precisam acreditar em sua ideia. O autor Steve Wozniak, cofundador da Apple, em seu livro *iWoz*, diz que não podemos nos dar ao luxo de não tentar. Se o empreendedor enxerga a possibilidade de criar um produto e observa que existe mercado para ele e ainda um investidor interessado, não pode perder a oportunidade de seguir em frente. Eu vivi isso. É muito prazeroso realizar-se profissionalmente e também financeiramente. Quem tem energia e um conhecimento diferenciado, no mínimo irá se divertir bastante, como diz Wozniak. Ninguém deve carregar uma frustração nas costas por não ter tentado. No entanto, uma coisa é certa, se uma pessoa detém conhecimento técnico, tem garra, acredita em seu projeto, percebe que há uma janela de oportunidade e trabalha bastante, o seu negócio tem tudo para dar certo. Quem trabalha duro consegue tirar algum fruto de seu esforço.

Capítulo 13
Empreendedorismo jovem

Quando participo de eventos como palestras ou painéis, costumo conversar bastante com jovens. Muitos deles afirmam ter o desejo de montar um negócio próprio. Acredito que é mais fácil empreender na juventude. Porém, há vários casos de empreendedores que começaram em uma outra fase da vida, como Ray Kroc que criou o McDonald's quando já tinha mais de 50 anos de idade. Nessa faixa etária, acima dos 45, geralmente os indivíduos já têm um "pé de meia", um patrimônio, e muita experiência, e não estão tão presos a compromissos. Entretanto não é comum encontrar pessoas empreendendo com esta idade.

Na juventude quase não há nada a perder. Eu e Wolney, quando começamos a Bematech, contávamos com nossos salários de professor e com flexibilidade de tempo. Ainda não éramos casados. Eu morava com um amigo de Ponta Grossa e o Wolney morava na casa dos pais. Esses fatores fizeram grande diferença. Como já falei algumas vezes, nosso negócio nasceu a partir de uma dissertação de mestrado. Demorou 3 anos até nosso projeto acadêmico começar a virar realidade como um negócio. Nós dávamos aulas na universidade, mas nosso foco e nossa energia estavam voltados para a empresa.

Pessoas podem empreender em qualquer idade. No entanto, o momento mais propício para se montar um negócio é na juventude. Indivíduos que planejam montar sua empresa não devem perder tempo.

Quando falo em jovem, me refiro às pessoas que estão deixando a universidade ou terminado uma pós-graduação.

A pouca experiência de vida não chega a ser um impeditivo para quem deseja montar um negócio na juventude. Afinal, empreendedorismo tem a ver com assumir riscos e dispor de energia. Ou seja, quem inicia uma companhia precisa se atirar. Pessoas jovens, no início de suas vidas profissionais, estão muito mais inclinadas a isso, pois ainda têm pouco ou nada a perder.

Em nenhum momento afirmei que o empreendedor precisa ter passado por alguma experiência profissional. A vivência de trabalho que tive antes de montar a Bematech foi muito pequena, o que me ajudou bastante foi o ambiente acadêmico da época de estudante, que era muito solto na universidade federal. Naquele momento, para avançar no curso e na vida, tive que me virar sozinho em várias situações. Os cinco anos na graduação me deixaram bem mais independente.

Empreendedores experientes

Empreendedores experientes têm a possibilidade de encontrar o sucesso em um espaço mais curto de tempo. Quem parte da estaca zero, como foi o meu caso, sofre muito mais do que aqueles que passam por uma companhia ou têm outras experiências profissionais e empreendedoras antes de iniciar o negócio. Há o caso de Eric Roorda, da Procomp, que era uma empresa de automação bancária que alcançou grande sucesso no Brasil. Ele e todo time dessa companhia tinham trabalhado na Sid Informática. A Procomp nasceu a partir de um projeto desenvolvido por eles que não teve sequência dentro da Sid Informática. Eles abandonaram seus empregos para investir em seu projeto. O tempo transcorrido entre a criação da empresa e o início de faturamento foi bem menor em relação ao que ocorreu com a Bematech, sua experiência profissional anterior e sua rede de relacionamentos, inclusive com potenciais clientes, proporcionou que a companhia se desenvolvesse rapidamente. Já conheciam os fornecedores e os clientes certos. Claro que nada disso adiantaria se eles não tivessem capacidade empreendedora. Eric e seus sócios venderam a Procomp à americana Diebold, tendo orquestrado um dos primeiros e maiores casos de sucesso em tecnologia no Brasil.

Jovens empreendedores normalmente não têm experiência profissional. No máximo, trabalharam dois anos em uma empresa. Há casos de pessoas que só conseguem dar certo depois de algumas tentativas, o que é mais comum nos Estados Unidos. Por aqui, antigamente, vigorava a cultura de se buscar uma carreira no setor público. Pessoas que conseguiam ingressar nesta área conseguiam proporcionar um bom padrão de vida à sua família. Esse foi o caso do meu pai e de toda uma geração anterior à minha. Quem desejasse montar um negócio nessa época não era visto com bons olhos pelos seus familiares. Empreender era para quem não tinha se preparado para uma carreira sólida. Era uma "aventura".

Hoje, a condição do jovem para empreender é completamente diferente. Ele é olhado de outra forma quando entra em contato com a Finep ou com o BNDES. As instituições observam com atenção o seu projeto, que pode gerar uma oportunidade de negócio. Há ainda uma profusão de incubadoras e aceleradoras à disposição, ávidas para atrair bons projetos e empreendedores, principalmente no setor de tecnologia.

No Brasil, não há muitas linhas de financiamento voltadas para jovens empreendedores. Porém, o conceito de investimento-anjo começa a se tornar mais presente. Mas essa falta de disponibilidade de linhas de financiamento para negócios nascentes não impediu o surgimento de novos negócios. As pessoas acabam empreendendo de qualquer maneira. Para quem pretende pleitear financiamento de um banco de fomento, deve sempre ter em mãos no mínimo os protótipos e um detalhado plano de negócios. Muitos jovens conseguem capital e suporte a partir de sua própria família. E pais empreendedores tendem a estimular que seus filhos sigam pelo mesmo caminho.

Recentemente o Governo Federal passou a apostar e alocar recursos em alguns projetos como o Startup Brasil, que visa apoiar novos empreendimentos, normalmente desenvolvidos por jovens empreendedores em conjunto com um novo conceito de entidade desenvolvida a partir das incubadoras de tecnologia e de experiências em curso lá fora, as *aceleradoras*.

Atualmente, os jovens encaram a possibilidade de empreender quase como uma obrigação. Este é o anseio do público jovem que assiste minhas palestras e alguns têm boas ideias.

Há também aqueles que estão administrando problemas em seus empreendimentos nascentes e costumam expor suas considerações e me perguntar como eu resolvi situações semelhantes. Quase todos buscam recursos para tocar seu projeto. No entanto, o que mais entusiasma nesses contatos é a constatação de que o apetite dos jovens por montar seu próprio negócio aumentou. No passado, cheguei a me deparar com plateias apáticas, eu não conseguia atingir os corações e as mentes dos jovens que escutavam a história da Bematech. Nessas ocasiões, o público não costumava fazer perguntas interessantes. Hoje, ocorre exatamente o contrário, o volume de questionamentos é sempre enorme. As pessoas contam suas histórias, desejam elucidar uma dúvida, querem entender melhor uma passagem da palestra. Percebo que os jovens estão mais amadurecidos e noto isso nas perguntas que eles me fazem. Geralmente, seus questionamentos são consistentes, suas dúvidas fazem sentido e suas ideias costumam apresentar qualidade.

As pessoas atualmente, a partir de um conhecimento técnico, se sentem bastante motivadas a criar produtos de tecnologia por tomarem conhecimento de *cases* bem-sucedidos de empresas como Microsoft, Google, Facebook, Waze, e alguns casos brasileiros como a própria Bematech, o Buscapé ou o Easy Taxi. O fato de agora existirem disciplinas de empreendedorismo, até em cursos do ensino médio, justifica isso. Jovens com vocação de empreendedor com algum conhecimento técnico e com acesso contínuo à internet normalmente desejam ter o seu próprio negócio.

A internet é um canal importantíssimo na vida de qualquer empreendedor. No caso de empresários inexperientes, mais ainda. Uma rápida pesquisa, por exemplo, pode fornecer informações de cadeia de fornecedores e dados de clientes. A internet também facilita muito a vida do empreendedor no instante em que ele vai fazer uma pesquisa de mercado. Antigamente, essa atividade era realizada exclusivamente por empresas especializadas. Hoje, é possível verificar se existem concorrentes em um determinado mercado apertando apenas alguns botões do teclado. E a abrangência dessa pesquisa pode alcançar o mundo todo. Uma consulta na internet pode determinar o início de um negócio ou o abandono de sua ideia.

Ansiedade

A juventude de hoje vive em um mundo onde tudo é instantâneo: a internet, a TV, as viagens. Inserido em uma dinâmica veloz, o jovem geralmente se sente ansioso. Muitos não têm paciência para esperar por algo que não pode acontecer do dia para a noite. Diante desta encruzilhada onde estão o jovem e o seu universo, me questiono em relação à sua disciplina para perseguir o seu sonho. Como ele conseguirá transformar sua ideia em sucesso se muitas vezes o êxito ocorre depois de muitos anos ou em uma segunda tentativa? De nada adianta ter recursos, informações, conhecimento técnico e não possuir equilíbrio para conseguir tirar proveito de tudo isso. A disciplina leva o empreendedor a ter energia para superar barreiras. Jovens empreendedores devem apostar na persistência.

Voltei a empreender aos 46 anos de idade, iniciando uma empresa de investimentos. A sensação é semelhante à de 20 anos antes. Todo novo empreendimento demanda persistência. Seja iniciando uma empresa de tecnologia ou uma empresa de investimentos, existem várias semelhanças. Há aquela excitação de estar começando algo novo, diferente. Cada pequena vitória é comemorada. No entanto, todo negócio se depara com dificuldades. Quem não encontra empecilhos, na verdade, não saiu do chão. No que começamos a levantar um negócio, começam os desafios. Os jovens precisam compreender que empreender gera uma série de realizações, mas também uma gama de problemas que precisam ser suplantados.

O que eu faria como empreendedor jovem

Todo trabalho bem-feito pode levar o empreendedor a alcançar o sucesso. Se você está lendo este livro, é porque deseja empreender ou já está empreendendo. Portanto, vá em frente e construa algo relevante. Todo país necessita de empreendedores dispostos a levantarem empresas de sucesso. Porém, a chance de qualquer empreendimento dar certo não é grande. E, no final, o empreendedor tem um papel fundamental nisso. O sucesso ou o fracasso estará diretamente ligado a ele. A única maneira de uma pessoa se desviar do fracasso é apostar no conhecimento e no trabalho duro. Mas nem todo mundo tem esse espírito. A ansiedade, às vezes, contagia a mente do empreendedor e deve ser controlada. Muitos deles desistem e voltam a trabalhar para alguma empresa.

Na Bematech, sempre falei que, mesmo no banheiro, você tem de respirar o seu negócio, pensar nele, em soluções e ideias para melhorá-lo. Sucesso está relacionado com atitude. Negócios que podem dar certo precisam ser priorizados.

Ninguém quer montar um negócio pela metade. Empreendedores desejam alcançar realização profissional e ganhar dinheiro. Quem investe pesadamente suas energias em um empreendimento nunca deve desistir dele. Ideias razoáveis com empreendedores extremamente competentes muitas vezes dão certo. E projetos com muita qualidade criados por pessoas com pouca energia ou atitude costumam não obter êxito.

Recompensas

Empreendedores determinados a abrir mão, durante um tempo, da vida pessoal em prol de desenvolver o seu negócio encontram recompensas no futuro. Eu vivi isso na pele. Valeu muito a pena ter passado por diversas experiências pessoais e profissionais. É muito gratificante sentir que seu projeto fez a diferença. Claro que todo mundo gosta de se realizar financeiramente, mas no meu caso, nunca busquei o dinheiro por si só. Sempre pensei no lucro como consequência de um bom trabalho.

É muito gratificante viajar e ver um produto de minha empresa em um estabelecimento comercial de forma inesperada. Nesse momento, sinto que consegui melhorar um pouco a vida de alguém. Essa é a realização mais importante.

A estabilidade financeira proporciona, obviamente, muitas realizações. Uma delas é a possibilidade de viajar pelo mundo. Empreendedores bem-sucedidos podem também passar a fazer novos investimentos, reiniciando um ciclo de empreendedorismo com outros projetos.

Todo conhecimento que obtive e relacionamentos que fiz procurei trazer para o meu negócio. Minha evolução sempre esteve diretamente ligada ao desenvolvimento da companhia. Quando um negócio dá certo, ele coloca o empreendedor em situações impossíveis de serem vividas caso a empresa não existisse. Muitas oportunidades que tive e venho tendo, e relacionamentos que tenho hoje são decorrentes do sucesso da Bematech. A empresa me deu acesso a muita gente. No entanto, isso foi possível a partir de muito trabalho duro. Mesmo me comparando com CEOs de grandes corporações, percebo que nossos problemas são os mesmos, em escalas diferentes. Só vejo aspectos positivos na vida de empresários que atingem um patamar elevado.

Mente jovem

Todo empreendedor é uma pessoa positiva. São pessoas que enxergam o mundo colorido. Encaram a vida e as oportunidades de forma diferente. Claro que nem todos os empreendedores de sucesso são pessoas extrovertidas, no entanto neles sempre existe um certo brilho. Empreendedores reconhecem o lado bom das experiências e conseguem garimpar dados positivos de situações e lugares nem sempre à primeira vista tão interessantes. Essas características fazem parte dos empreendedores de todas as idades.

Como jovem empreendedor, tive a oportunidade de conhecer inúmeros investidores e passei a entender melhor a enorme contribuição desses agentes para o desenvolvimento dos novos negócios.

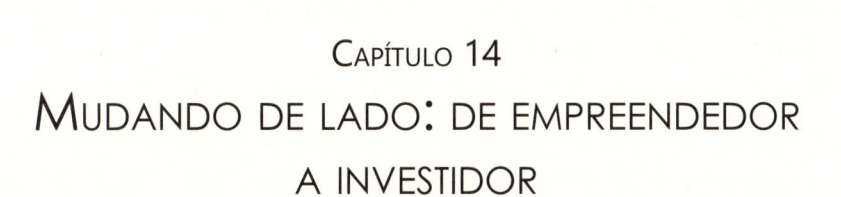

Capítulo 14
Mudando de lado: de empreendedor a investidor

Ao deixar a função de CEO da Bematech em dezembro de 2009, após exatamente vinte anos do momento em que entramos com o projeto da impressora para telex na incubadora, pretendia fazer 3 coisas: continuar apoiando o desenvolvimento da Bematech, mas agora a partir do conselho e não mais na operação; curtir um pouco mais a vida, dando mais atenção à minha família, ao esporte e ao lazer; e investir em novos projetos.

Esse desejo de fazer novos investimentos tinha por sua vez 3 objetivos e um modus operandi. Os objetivos eram procurar contribuir para o desenvolvimento de novos empreendimentos que muitas vezes acabam não indo para frente em função da falta de recursos e da falta de suporte e aconselhamento; buscar bons projetos para financiar e ganhar dinheiro; e criar um novo negócio, agora de investimentos, para novamente empreender e me divertir com isso.

O modus operandi era criar uma empresa com estrutura enxuta, buscando apoio em parcerias e realizando investimentos através de estruturas legais organizadas da mesma forma que as grandes casas de investimentos o fazem. Além disso, a ideia era entrar com *smart equity*, ou seja, colocar dinheiro nos empreendimentos e, principalmente, apoiar e acelerar o desenvolvimento dos negócios a partir da aplicação das minhas experiências vividas como empreendedor e gestor, trabalhando isso de forma prática e direta com os empreendedores dos projetos investidos.

Em pouco mais de três anos, através da M3 Investimentos, investi em 8 empreendimentos, que iam de empresas maduras buscando capital e apoio para crescer, a empresas nascentes ou *startups*. A experiência tem sido extremamente rica e creio estar atingindo os meus 3 objetivos a partir da criação deste novo negócio.

Na medida do possível, tenho procurado projetos que possam gerar retornos expressivos em um curto período de tempo, alguns poucos anos. De uma forma simplista, enquanto na Bematech o produto era, por exemplo, a mini-impressora, na M3 o produto passou a ser a empresa investida.

Como escolher no que investir

Defini um tripé básico que precisa estar presente para que a análise do empreendimento avance. O primeiro "pé" é o mercado. Como a ideia é investir, gerar valor e vender, a forma mais óbvia de gerar valor é crescer. E para crescer é preciso haver um mercado potencial grande a ser escalado rapidamente. Se o mercado não for claramente definido e enorme, escalar o negócio pode ser difícil.

O segundo "pé" é a oferta, isto é, o produto ou serviço sendo ofertado. É fundamental ter diferenciais claros que permitam o domínio ou a liderança do mercado a ser atingido, e uma boa margem de lucro. A oferta precisa ser muito boa e bem definida.

O último "pé" é o mais importante: o empreendedor. No final do dia, ele, ela, ou eles é quem irão fazer a diferença. Eles precisam demonstrar conhecimento, energia, atitude e capacidade de execução. O empreendedor precisa entregar, fazer acontecer. Muitas vezes o empreendedor é peça-chave no negócio, mas não tem o perfil ideal para administrar a empresa de forma agressiva, neste caso é necessário buscar alguém que faça a gestão, mantendo o empreendedor em funções estratégicas do negócio.

Detectada a oportunidade cujo núcleo compreende este tripé, ou estes três fatores-chaves de sucesso, o momento, o foco de atuação do empreendimento e a negociação para a realização do investimento irão determinar a entrada ou não no negócio.

A partir daí é discutir o uso dos recursos a serem aportados, realizar o investimento e passar a apoiar o negócio visando acelerar seu crescimento e minimizar os erros.

A importância do empreendedor

Já pude comprovar a importância de se ter critérios bem definidos na hora de investir, para o bem e para o mal. Nesses primeiros investimentos que fiz com parceiros, gostaria de comentar 2 casos que atestam a necessidade de ir a fundo nos critérios e não se deixar levar por aparentes grandes oportunidades "imperdíveis".

No primeiro caso, eu e meus parceiros decidimos fazer um investimento que parecia um negócio imperdível. A oportunidade veio até nós através de um dos sócios que havia investido nessa empresa no passado. Ele não estava na operação, mas todos os outros sócios estavam conduzindo o negócio. A empresa já operava há vários anos e tinha produtos cuja tecnologia era de difícil replicação. Ela já havia, inclusive, exportado alguns de seus produtos. Mas o negócio estava com problemas, passava por dificuldades financeiras, impostos atrasados, falhas na gestão e desentendimento entre os sócios.

Parecia o negócio ideal para um fundo de *private equity*. Nos Estados Unidos, esses tipos de fundo colecionam histórias de sucesso comprando o controle de empresas que estão enfrentando problemas e fazendo uma completa reestruturação do negócio, vendendo unidades, enxugando custos, aumentando a eficiência e focando no que realmente traz dinheiro.

A tentação de fazer algo semelhante era grande. Acabamos negociando bem e fizemos o investimento, apesar de termos algumas dúvidas sobre a capacidade dos empreendedores de fazer as mudanças que passaríamos a direcionar.

No começo tudo caminhou bem. Fizemos uma importante reestruturação societária, colocamos o sócio que melhor mostrava ter capacidade de conduzir o negócio como principal executivo, injetamos recursos, passamos a apoiar a empresa na gestão financeira, enfim, começamos a trabalhar para recuperar o negócio e criar valor.

Após alguns meses, a empresa estagnou. Passou por um período de melhoria, mas depois não conseguia mais sair do lugar. Fizemos mais algumas tentativas para avançarmos, que se mostraram infrutíferas, que nos fizeram desistir e vender de volta nossa participação aos sócios.

O que deu errado?

Avaliando esta "oportunidade imperdível" à luz do tripé que apresentei anteriormente, a empolgação de fazer um negócio ao bom estilo do *private equity* americano fez com que nossa disciplina de análise não fosse totalmente praticada.

Com relação à oferta, fizemos uma boa escolha, pois no segmento em que a empresa atua, a linha de produtos ofertada tinha diferenciais importantes. Porém, os produtos sofriam de um problema de difícil solução: o ciclo de desenvolvimento e de fabricação eram muito longos. Logo, os produtos não eram facilmente escaláveis.

Se a empresa estivesse em bom estado, isso poderia ser resolvido com o tempo. Mas nas condições em que se encontrava, principalmente em função das dificuldades financeiras, talvez não houvesse solução.

Já no quesito mercado, pisamos na bola. O mercado que a empresa atende é importante, mas sofre muito com os ciclos econômicos e, ao mesmo tempo, não é tão grande a ponto de permitir que os produtos ofertados sejam escaláveis. Mercado limitado e oferta não escalável é uma receita fadada ao fracasso para um investimento nos moldes que me propus a fazer.

Porém, o aspecto mais importante que determinou nosso fracasso neste investimento foi o quesito empreendedor. Os empreendedores que encontramos na empresa realmente não se mostraram capazes de fazê-la reagir, tivemos muitas dificuldades para convencê-los sobre questões básicas. Achamos que havia a real vontade deles fazerem a virada, mas percebemos com o tempo que eles não seriam capazes de imprimir o ritmo de execução que achamos que seria necessário para essa ação. Quando tentamos buscar alguém de fora para tocar o negócio, já era tarde.

Pecamos na disciplina de análise, pois uma avaliação um pouco mais aprofundada do mercado e dos clientes e, principalmente, uma leitura um pouco melhor da real capacidade de execução dos empreendedores teria evitado que fizéssemos esse investimento.

O segundo caso, talvez um dos melhores investimentos que fizemos, não parecia uma oportunidade tão charmosa no início.

Um amigo me apresentou a empresa porque havia sido sócio dos empreendedores. Era um negócio em transição, da pura prestação de serviços na área de sistemas de TI para a oferta de um produto, um pacote para comércio eletrônico.

Empresa em transição, empreendedores relativamente jovens e inexperientes, mercado com competidores fortes, enfim, uma oportunidade bastante discutível.

Porém, 2 coisas capturaram minha atenção. A primeira foi a existência de um plano. Os empreendedores haviam desenvolvido um planejamento consistente de "ataque" ao mercado, e me apresentaram. Pudemos discutir detalhes da implementação, recursos necessários, equipe, oferta, mercado e concorrentes. O conhecimento deles e a paixão pelo negócio me impressionaram muito.

Após uma análise final e uma negociação que foi relativamente rápida, entramos no negócio.

A segunda foi a capacidade demonstrada pelos empreendedores, o que não me deixa dúvidas que determinou a decisão de investimento. Depois de pouco mais de dois anos, e de estar trabalhando perto dos empreendedores no apoio à estratégia e execução, o negócio está hoje avaliado em 15 vezes a análise inicial que fizemos para investir.

A oferta sofreu alterações, o mercado se mostrou promissor e escalável, mudanças internas foram implementadas, muito trabalho tem sido desenvolvido, mas o aspecto fundamental, o fator-chave de sucesso, foi sem sombra de dúvida a atitude, a paixão, a capacidade e a execução dos empreendedores.

Minha percepção muita clara hoje é a seguinte: uma excelente ideia, em um mercado promissor, com um produto genial não suporta a falta de capacidade de um empreendedor fraco. Já uma boa, mas não excepcional ideia, um mercado apenas interessante e um empreendedor excepcional têm grande chance de se transformar em um negócio fantástico.

Startups

Lembro-me de que quando estava para deixar a posição de CEO na Bematech dei uma entrevista a um jornal de São Paulo de grande circulação nacional e a repórter me perguntou quais eram os meus planos de "aposentadoria".

Falei que dividiria meu tempo entre o conselho da Bematech, o lazer com a família e os novos investimentos. A pergunta dela na sequência, naturalmente, foi se os investimentos seriam em *startups* de tecnologia, já que eu havia criado uma que havia sido investida por *angel investors*, e, com isso, eu completaria o ciclo: criação de uma *startup*, investimento-anjo, sucesso, investimento em novas *startups*.

Contei a ela que talvez fizesse investimentos em *startups* no futuro, mas não em um primeiro momento. Sempre considerei que investir em uma *startup* envolve muito risco. São poucas as que atingem o sucesso e ele, quando vem, é bastante demorado aqui no Brasil. A Bematech levou 15 anos entre o investimento-anjo e a abertura de capital.

Porém, ao longo dos últimos tempos, passei a acompanhar mais de perto o desenvolvimento de novos empreendimentos de tecnologia no país, e fiquei bastante otimista com a qualidade de alguns projetos e empreendedores. Passei a ser procurado por empreendedores que sabiam que eu estava buscando oportunidades de investimento. Ao dar atenção a muitos deles, percebi que o cenário estava mudando e achei que seria a hora de fazer algo com *startups*.

Entretanto, não queria simplesmente apostar em um projeto com o qual tinha me identificado. Queria fazer algo melhor estruturado e que pudesse envolver as instituições que apoiam *startups*, como incubadoras e aceleradoras.

Decidi então entrar em contato com as principais instituições que atuam no estado do Paraná para que elas indicassem empreendimentos de qualidade e desenvolvi com minha pequena equipe um projeto para encontrar um empreendimento para investir. Avaliamos sumários executivos, montamos uma banca examinadora e escolhemos 2 projetos. Além de buscar uma boa oportunidade, gostaria de completar o ciclo, da mesma forma que a repórter naquela matéria sugeriu. E queria que esse primeiro investimento fosse em um empreendimento apoiado por alguma instituição paranaense, tentando com isso promover esse tipo de investimento no Paraná, já que o estado e seus empresários não são muito ativos neste processo. A partir do primeiro investimento em *startup*, no início de 2014, passei a buscar outras oportunidades, no país e no Vale do Silício.

Vale do Silício

Tenho amigos no Vale, e desde que deixei minha função executiva na Bematech tenho ido de tempos em tempos para lá. Para uma pessoa de formação em tecnologia como eu, tendo empreendido no setor e estando na área de investimentos, o Vale é um destino óbvio para buscar tendências e estudar oportunidades.

Fico feliz em notar que não sou o único brasileiro que percebeu isso. Já existe lá uma "colônia" de "brazucas" empreendendo, investindo e vivendo. Isso é ótimo para o Brasil, pois essa turma acaba trazendo para cá um aprendizado importante que pode fazer a diferença para nós no futuro.

O Vale do Silício fica ao sul de São Francisco e tem como principal ponto de referência a pequena e charmosa cidade de Palo Alto, sede da Universidade Stanford. Ali nasceram ícones do setor de TI como HP, Intel, Apple, Oracle, Google e Facebook, dentre tantas outras empresas que hoje movem o mundo da informática.

A região tem um clima maravilhoso, excelente qualidade de vida, 2 das melhores universidades do mundo, gigantes do setor de investimentos de capital de risco e centenas de milhares de profissionais relacionados ao setor de tecnologia. É um ecossistema com uma dinâmica inigualável para o desenvolvimento de *startups*.

Como a maior parte dos empreendimentos nos quais tenho investido é do setor de tecnologia, passei a desenvolver uma espécie de "ponte" entre o Vale do Silício e o Brasil no sentido de ajudar para que algumas das empresas investidas aqui tenham acesso ao ecossistema do Vale. Isso permite que os empreendedores daqui possam se beneficiar de ideias, tendências e networking, visando acelerar ainda mais a criação de valor nas empresas investidas no país. Também tenho feito alguns investimentos pontuais por lá, em parceria com amigos que conhecem profundamente o ambiente e os empreendimentos do local.

CAPÍTULO 15

A QUALIDADE DE VIDA DO EMPREENDEDOR

Somos bombardeados hoje por artigos em revistas e jornais e conselhos de conhecidos para que cuidemos de nossa saúde física, mental e espiritual, e procuremos equilibrar trabalho e qualidade de vida. Sabemos que o estresse é responsável por uma grande parte dos males que nos afligem.

Por outro lado, no momento em que o empreendedor está levantando seu negócio, as férias prolongadas, exercícios físicos, lazer e mais tempo com a família e com os amigos são atividades incompatíveis com a demanda por tempo e foco necessários para que o negócio tenha alguma chance de sucesso.

Como lidar com isso? Como entregar-se ao empreendimento e paralelamente cuidar para que isso não nos torne um "escravo" do trabalho com consequências terríveis para nossa dita "qualidade de vida"?

Ao longo de minha vida de empreendedor aprendi alguns truques que, quando aplicados, funcionaram bem. Gostaria de discorrer sobre 3 deles.

O primeiro tem um desdobramento direto importante e saudável no próprio empreendimento. O segundo tem a ver com a nossa própria saúde, física e mental, e o terceiro tem a ver com as pessoas próximas a nós, nossos familiares e amigos.

Antes de entrar nesses 3 tópicos é importante um choque de realidade. Não há nenhuma receita mágica para resolver esse tema. A vida de empreendedor é difícil e não é para qualquer um. Nem todos suportam o ritmo intenso de trabalho necessário. Dentro das principais dificuldades está justamente o abrir mão de tempo de lazer, tempo com as pessoas próximas, tempo para outras atividades que não o negócio. Ainda não inventaram, e nem vão inventar, uma fórmula milagrosa que resolva essa equação. Mesmo que você invente um "esticador de tempo" e consiga que seu dia tenha 30 horas, garanto que você vai acabar usando essas 6 horas adicionais para acelerar o seu negócio. Todo empreendedor de sucesso é assim, com foco total no empreendimento. Então relaxe e não se culpe em função disso, apenas tente lidar melhor com algo que não pode e não deve ser mudado: a necessidade do empreendedor dedicar-se muito ao seu negócio. Afinal, são infinitas as variáveis que competem para que um empreendimento tenha sucesso, mas uma coisa é certa, não existe empreendimento de sucesso em que o empreendedor não trabalhou muito, não deu um duro enorme.

Work hard, play hard

"Trabalhe duro, divirta-se bastante". Li isso uma vez em um artigo de revista e gostei. Já adotava algo semelhante trabalhando nos primórdios da Bematech e passei a praticar isso com mais ênfase. Essa filosofia me ajudou a enfrentar melhor a enorme carga de trabalho e a motivar minha equipe mais próxima.

A prática basicamente é, após um dia de trabalho intenso ou uma missão cumprida, sair com o pessoal para ir a um bom restaurante, um bar legal ou uma festa. Tomar umas e outras, se divertir, curtir o momento.

Ao viajar a trabalho com a equipe, esticar um fim de semana em um hotel legal, em uma praia bacana, ou seja, aproveitar intensamente uma brecha existente entre uma batalha e outra. Conhecer algum lugar diferente, ir a um show ou a um evento, fazer algo totalmente fora da rotina.

É necessário trabalhar com vigor, mas é ótimo também procurar viver intensamente nas pequenas brechas que o empreendimento nos proporciona.

Aproveitar-se dos ciclos do empreendimento

Todo empreendimento tem ciclos no seu desenvolvimento. Há muitos períodos intensos, mas há alguns períodos de calmaria.

Ao longo dos meus anos, construindo a Bematech, sempre ouvi comentários sobre o controle do tempo e a busca de uma melhor qualidade de vida. "O tempo é você quem faz", "Você precisa fazer uma atividade esportiva, é só organizar-se melhor". Bom, aqui vai uma grande verdade para o empreendedor: isso é mentira!

Infelizmente, o empreendedor não é dono do seu tempo, principalmente no período de construção do negócio. O dono do tempo é o empreendimento, com suas necessidades que não são poucas. Oportunidades não podem ser deixadas para depois, conversas têm de ser feitas no momento certo, a equipe tem demandas, os clientes, ainda mais de um empreendimento nascente, não esperam, os concorrentes estão à espreita, a velocidade de resposta é chave para o sucesso do negócio. Como escreveu e cantou o músico Geraldo Vandré, aqui aplicado aos negócios, "quem sabe faz a hora, não espera acontecer".

Nesse ambiente de novas ideias, novos clientes, novas possibilidades, muita paixão e muito trabalho, o empreendedor só tem tempo para o empreendimento. E é justamente isso que fará com que o negócio dê certo.

Nesse período intenso, não há rotina. E quando não há rotina, qualquer atividade de lazer fica comprometida.

Porém, há sempre momentos de calmaria. Recomendo que o empreendedor aprenda a ler a proximidade destes momentos e então aproveite essa rápida brecha para descansar um pouco e colocar sua vida pessoal em ordem, dentro do possível. Este é o momento para um fim de semana prolongado com amigos, namorada(o) ou família, para uma atividade física que se tenha prazer, para uma visita aos pais ou parentes no interior, para uma viagem há tempos planejada.

Muitos empreendedores não conseguem "largar o osso", sair da empresa mesmo quando aparece um desses períodos de mar calmo. Nestes momentos sua produtividade cai, pois o empreendedor está acostumado a um ritmo intenso de acontecimentos. É fundamental aproveitar esses raros momentos para descansar um pouco e dar atenção a outras atividades. Logo a empresa irá retornar a um nível frenético. Neste momento, de retomada, é bom estar com a "pilha" recarregada.

Comunicação

Na medida em que a empresa evolui, o empreendedor vai mergulhando mais e mais em seu negócio. São horas e horas a fio dedicadas ao desenvolvimento do negócio. Isso passa a sugar toda a atenção do empreendedor e, mesmo fora da empresa, a cabeça dele acaba ficando no negócio, o que tende a tornar o empreendedor, em determinado momento, um pouco antissocial.

Conforme as responsabilidades com o negócio aumentam e as questões do dia a dia se multiplicam, sejam elas escolhas, problemas ou oportunidades, mesmo estando em casa ou em um churrasco, sua mente está no escritório.

Como são muitas as questões e muitas vezes complexas, o empreendedor acaba não tendo a disposição de explicar o que está lhe tomando a atenção. Muitas vezes essa explicação, quando externada, torna-se maçante para um interlocutor que não está envolvido no dia a dia da operação.

Quando isso ocorre e as pessoas que estão próximas sofrendo a aparente apatia do empreendedor no convívio social são amigos, a situação é remediável. Porém, se isso passa a ocorrer no convívio com a família, pode ter desdobramentos muito ruins.

Esposas e maridos exigem atenção. Filhos também. Os amigos têm um grau de exigência bem menor. Todos precisam ser compreensivos.

Como empreendedores, achamos que aquilo que estamos fazendo é o que existe de mais importante no mundo, e o resto pode esperar. O ideal é separar as coisas e deixar os pensamentos sobre o empreendimento no escritório, mas não é fácil, já que não conseguimos controlar nossos pensamentos.

Quando isso acontece, apesar de não ser fácil para o empreendedor discorrer sobre alguns desses temas, o ideal é ter uma conversa aberta externando as preocupações e os sentimentos sobre as situações que o afligem. Principalmente se o interlocutor for a(o) cônjuge. Neste caso, adotar essa prática de comunicação é fundamental.

Não são poucas as histórias de empresários e empreendedores que terminaram uma relação em função do trabalho.

Palavras finais

Comecei este livro com o comentário não muito animador, porém bastante realista, de que empreender, ainda mais no Brasil, não é uma tarefa fácil. As dificuldades na minha trajetória tentando construir algo relevante não foram nada desprezíveis e isso não é diferente com outros empreendedores. A questão é que a maioria dos empreendedores tende a relatar os casos de sucesso, as vitórias, mas com frequência, omite os tropeços, as falhas. E posso garantir: para alguns casos de sucesso na história de um empreendimento, há inúmeros casos de insucesso. Não se está acostumado a ler ou a escrever sobre tropeços.

Porém, histórias sobre o que deu errado ajudam muitas vezes mais do que histórias sobre o que deu certo. Costumava dizer nos meus tempos de Bematech que muitas vezes é preferível, e mais prático, saber o que não fazer do que saber o que fazer.

Por outro lado, como relatei no capítulo anterior, tenho me deparado cada vez mais com projetos de empreendimentos e empreendedores de excelente qualidade. O mundo ficou pequeno com a proliferação de notebooks, tablets, smartphones, a internet e seus cada vez mais poderosos e amigáveis aplicativos e ferramentas. Isso tem facilitado enormemente o desenvolvimento de novos negócios com produtos e ofertas como lojas virtuais, softwares de gestão e redes sociais, bem como carros elétricos, equipamentos médico-hospitalares e até drones.

Com o fácil acesso a todas as ferramentas disponíveis, uma cadeia de suporte e fornecimento global cada vez mais na mão e investidores ávidos por novas e boas ideias para investir, mais o sucesso de um novo empreendimento estará ligado a dois pontos: a velocidade de implementação e a qualidade e atitude do empreendedor.

Procurei com este texto abordar alguns dos principais assuntos com os quais quem quer empreender irá se deparar, de forma franca e direta. Planejamento, fluxo de caixa, vendas, relacionamentos, enfim, todos os temas sobre os quais procurei discorrer são parte do dia a dia de quem toca um negócio, e espero que minhas reflexões sobre esses vários tópicos possam ter trazido um pouco mais de luz para que o leitor enfrente as situações encontradas fazendo melhores escolhas. E que essas reflexões possam ajudar o empreendedor a construir atalhos no caminho rumo ao sucesso do empreendimento.

Finalmente, da mesma forma que coloco quando faço palestras a públicos interessados em empreender ou em melhorar o desenvolvimento de seu empreendimento, meu principal objetivo aqui é estimular o empreendedorismo de forma que tenhamos mais iniciativas de sucesso, criando negócios saudáveis, éticos, responsáveis e relevantes.

Dito isso, desejo que você, leitor, continue otimista, seja responsável, crie algo ou continue construindo algo, fazendo sua parte e deixando sua marca.

Empreenda, pois vale a pena!

Anexo
Erros que o empreendedor não pode cometer

1. Não planejar

Por falta de prática e de experiência, ou por excesso de confiança, ou ainda simplesmente por pressa, o empreendedor tende a não se planejar formalmente.

A falta de um plano formalizado, escrito, pode atrasar o desenvolvimento do negócio ou até levá-lo ao fracasso.

2. Não comunicar

A ausência de uma correta comunicação do empreendedor com seus pares, sua equipe e outros interlocutores (ou mesmo em casa) pode levar a atritos e desgastes.

Um projeto, para dar certo, deve necessariamente contar com um time engajado e isso só ocorre quando a comunicação flui corretamente.

3. Soberba

Não são poucos os empreendedores que se acham superiores. Se o empreendedor já atingiu o sucesso, esse sentimento é até normal, mas enquanto o negócio ainda não decolou, a soberba joga, e muito, contra.

Baixe a bola, a cabeça e trabalhe. Isso ajuda. O empreendedor empático, simples, humilde atrai boas pessoas e boas oportunidades. O arrogante afasta.

4. Não ter desprendimento

Não é fácil um negócio dar certo, mas se o empreendedor não tiver desprendimento, a tarefa se torna impossível. Costumava dizer na Bematech que o empreendedor, o líder, não deve fazer o que quer, mas o que precisa ser feito. E nem sempre essa tarefa é agradável ou confortável.

O empreendedor deve se desprender da sua posição de conforto para fazer o que é necessário e seguir em frente.

5. Excesso de otimismo

Um clássico. O otimismo faz parte do DNA do empreendedor. Empreendedor que não é otimista não é empreendedor de verdade. Porém, o excesso de otimismo, que geralmente acompanha a grande maioria dos empreendedores, traduzido na somatória de "**subestimar riscos e desafios**" e "**superestimar resultados**" acaba minando a consistência do empreendedor.

6. Falta de objetividade

Se é uma questão de comunicação, menos mal, mas se é uma prática no dia a dia, irá atrapalhar muito o desenvolvimento do empreendimento. O empreendedor precisa necessariamente ser objetivo, sintético. Com a velocidade na qual as coisas acontecem hoje, ficar divagando e não ir direto ao ponto pode significar uma perda de tempo que irá impactar negativamente o negócio.

Apesar de um processo de comunicação pouco objetivo ou até prolixo ser "menos mal" do que a prática, a execução sem objetividade, o empreendimento acabará sofrendo se o empreendedor não resolver esse seu problema em comunicar-se corretamente.

7. Procrastinar

Postergar a tomada de decisões importantes ou a execução de ações que estão definidas coloca em sério risco o sucesso do empreendimento. Enquanto o empreendedor vai "empurrando" para frente os problemas, dinheiro está sendo jogado fora e o concorrente pode estar avançando rapidamente.

Nunca deixe para amanhã o que pode e, portanto, deve ser feito hoje.

8. Pressa

"A pressa é inimiga da perfeição". Todos já ouvimos isso. Uma coisa é imprimir velocidade na execução de algo que está definido e acordado, outra é ter pressa, principalmente quando nada está claro ou definido. O empreendedor precisa ter senso de urgência, mas não pode trabalhar na urgência sempre. Outro provérbio bom e bem conhecido que cabe aqui é: "Quem tem pressa come cru".

9. Não escutar

Outro clássico em se tratando de empreendedores. Imerso em suas ideias e seguro do caminho a tomar, o empreendedor tem sempre muita dificuldade em ouvir o que os outros dizem. Escutar os outros, desde que sejam pessoas que de fato tenham algo relevante a dizer, é uma prática fundamental para o sucesso. A decisão final deve ser do líder, do empreendedor, mas só depois de ouvir tudo o que está em jogo e todas as opiniões sobre o tema.

Em um grau mais avançado do "não escutar" está a "teimosia". Essa mata o negócio.

10. Desatenção aos detalhes

Isso pode matar o empreendimento aos poucos. Muito do que é importante está nos detalhes. É difícil para o empreendedor acompanhar todos os mínimos detalhes do negócio, principalmente quando e empresa está engrenada e já há uma equipe trabalhando e várias atividades sendo desenvolvidas. Mas o detalhe é fundamental, e o empreendedor não pode deixar escapar nada. O bom empreendedor é aquele que até parece doentio com relação aos detalhes. Muitas vezes, é um pequeno que fará toda a diferença para que o negócio tenha sucesso ou fracasse.

11. Falta de foco

É frequente o empreendedor ter muitas ideias em torno do produto ou serviço que quer ofertar. Na idealização do empreendimento, isso não é ruim, mas, na medida em que a oferta se torna clara, é fundamental ter foco naquilo e trabalhar para fazer acontecer. Abrir muitas frentes, trocar constantemente de prioridade, criar algo muito complexo, tudo isso atrapalha o desenvolvimento do empreendimento. Quanto mais focado for o empreendedor naquilo que está fazendo, estabelecendo limites e prioridades, mais chances ele terá de sucesso.

12. Falta de disciplina na execução

Uma das maiores qualidades que o empreendedor pode ter é a capacidade de entrega ou de execução. E isso exige disciplina. Ela é a persistência planejada, organizada, que resulta em entregas consistentes.

Consolidada a ideia, definida a oferta e os meios para entregá-la ao mercado-alvo, boa parte do que se tem a fazer é executar. A falta de disciplina na execução impede a evolução saudável do empreendimento.

13. Desatenção às vendas

Costumava dizer que "venda postergada é venda perdida", talvez haja aí um pouco de exagero, mas a frase dá o tom de como o pessoal de vendas deve encarar uma oportunidade.

A venda é o principal instrumento de crescimento da empresa. Como tal, deve ser acompanhada de perto pelo empreendedor, ou melhor, conduzida diretamente por ele ao menos até o empreendimento atingir a maturidade.

14. Falta de atenção com os gastos

Muitos empreendedores não dão a devida atenção ao fluxo de caixa e ao controle de gastos. Empreendimento enxuto é empreendimento eficiente. Cada centavo é importante. Decisões de redução de despesas nunca devem ser postergadas.

A disciplina para esta prática deve acompanhar o empreendedor durante toda a vida do negócio, a falta dela trará muitas dores de cabeça e colocará em risco a continuidade do empreendimento.

15. Apatia ou falta de energia

Desista, vire monge.

Este livro foi impresso em papel *pólen bold* 70g pela gráfica Paym.